Mira Salm

Liebeskummer überwinden

Liebeskummer:

DAS GROSSE LIEBESKUMMER RECOVERY PROGRAMM!

Wie Sie in 30 Tagen Ihren Liebeskummer überwinden, den tiefen Schmerz heilen, zurück in Ihre Kraft kommen, in Liebe loslassen und frei und glücklich neu starten!

Das 30 Tage Praxisprogramm zum schnellen Liebeskummer überwinden!

Mira Salm

Impressum

Texte:	© Copyright by Mira Salm
Umschlag:	© Copyright by studio-fotolia.com
Verlag:	Neopubli GmbH
	Prinzessinnenstraße 20
	10969 Berlin
	kontakt@epubli.de
Druck:	epubli ein Service der
	neopubli GmbH, Berlin

Printed in Germany

Bibliografische Information der Deutschen Nationalbibliothek

Die Deutsche Nationalbibliothek verzeichnet diese Publikation in der Deutschen Nationalbibliografie; detaillierte bibliografische Daten sind im Internet über http://dnb.d-nb.de abrufbar.

Ein Ratgeber aus der Reihe der
Mira Salm Bücher

Die Mira Salm Buchreihe macht Frauen
stark, gelassen, geliebt und glücklich

(aber natürlich dürfen auch Männer
dieses Buch lesen)

Inhalt

Vorwort   7

Die wahren Gründe, warum wir bei Liebeskummer so leiden und warum wir nicht loslassen können   21

LIEBESKUMMER ÜBERWINDEN IN 30 TAGEN - DAS PRAXISPROGRAMM

WOCHE 1:

IN 6 SCHRITTEN ZU EINEM STARKEN SELBSTWERTGEFÜHL   44

    Schritt 1: Sie sind richtig!   49

    Schritt 2: Lernen Sie Ihren wahren Wert kennen!   56

    Schritt 3: Warum Sie das Allerbeste verdienen!   61

Schritt 4: Ihre Ansprüche an das Leben sind nur so hoch wie Ihr Selbstwertgefühl – So steigern Sie beides dauerhaft   68

Schritt 5: Die Macht der inneren Stimme: So bauen Sie mit ihrer Hilfe Ihr Selbstbewusstsein auf   73

Schritt 6: Was SIE über sich denken zählt!   81

WOCHE 2:

TUN SIE SICH GUTES – JETZT GEHT ES UM SIE!   87

WOCHE 3:

SCHAFFEN SIE SICH EIN SCHÖNES NEUES LEBEN (ALS SINGLE?)   96

Tip Nr. 1: Leben Sie im Einklang mit
Ihren Werten 99

Tip Nr. 2: Schaffen Sie sich einen Alltag
der Ihnen gut tut 106

Tip Nr. 3: Entrümpeln Sie Ihren Besitz
und Ihr Leben 116

Tip Nr. 4: Entschleunigen Sie Ihr Leben
und finden Sie zur Ruhe
und zu sich selbst 123

Tip Nr. 5: Sie sind wichtig! Wie Sie mit der
richtigen Einstellung stressfrei
und glücklich leben 128

Tip Nr. 6: Leben Sie im Einklang mit der
Natur und den Jahreszeiten 135

Tip Nr. 7: So fühlen Sie sich in Ihrem
Körper wohl 142

Tip Nr. 8: Machen Sie sich Ihre
Umgebung schön 155

WOCHE 4:

WIE SIE IN DANKBARKEIT LOSLASSEN UND GLÜCKLICH NEU STARTEN!   161

Wie Sie sich in 5 Schritten aus emotionaler Abhängigkeit befreien, ganz einfach loslassen und glücklich neu starten   161

Schritt 1: Wie Sie Zugang zu Ihren wahren Bedürfnissen finden   176

Schritt 2: Wie Sie sich Ihre Bedürfnisse und Herzenswünsche erfüllen NACHDEM Sie losgelassen haben   180

Schritt 3: Bereiten Sie sich auf den Neubeginn vor   183

Schritt 4: Wie Sie dafür sorgen dass Ihre Zukunft besser wird als Ihre Vergangenheit   190

Schritt 5: Wie Sie sich in Dankbarkeit verabschieden und in Liebe loslassen   198

BONUS:

DIE KUNST DER VERGEBUNG OHNE
SELBSTAUFGABE   206

Schusswort   210

MEIN GESCHENK FÜR SIE:

Ein 7 Tage Übungsprogramm für
mehr Selbstliebe   222

Anhang, Haftungsausschluss, Copyright   231

Vorwort

Zeit heilt alle Wunden, so glauben wir. Doch leider stimmt das nicht.

Wenn wir Liebeskummer haben, zum Beispiel weil eine Beziehung zu Ende gegangen ist, oder weil wir unglücklich verliebt sind, dann sollten wir uns bewusst die Zeit nehmen, um ihn zu verstehen und ihn von innen heraus zu heilen, anstatt uns in Ablenkung zu stürzen. Dieser Weg ist viel weniger schmerzhaft, als Sie glauben - wenn Sie wissen, wie Sie ihn richtig gehen.

Verdrängter Schmerz jedoch gelangt früher oder später wieder an die Oberfläche, führt zu neuem Leid und zerstört immer wieder von innen heraus unsere emotionale Stabilität und unsere (neuen) Beziehungen.

Gönnen Sie sich daher einmal 30 Tage, um Ihren Liebeskummer bewusst und systematisch zu heilen.

Beim Heilen von Liebeskummer geht es darum, unser Selbstbild und unser Selbstwertgefühl in einem zielgerichteten Prozess wieder gerade zu rücken und in Ordnung zu bringen, unsere Illusion der Abhängigkeit von einem anderen Menschen zu verstehen und sie aufzulösen und zu lernen, richtig loszulassen.

Richtiges Loslassen geschieht ohne Schmerz und Leid und in einem Gefühl von Liebe und Dankbarkeit und muss Ihnen überhaupt keine Angst machen.

In diesem Buch werden Sie verstehen, was Sie in diesem Moment in Wahrheit so sehr schmerzt und wie Sie diesen Schmerz in der Wurzel auflösen.

Sie erhalten ein großes 30 Tage Praxisprogramm zur dauerhaften Heilung Ihres Liebeskummers, das Ihnen auch ein starkes und unabhängiges Lebensgefühl, ein positives Selbstbild und ein gesundes Selbstwertgefühl zurückgibt.

Dieses Buch heißt nicht „Wie gewinne ich meinen Ex zurück" und dafür gibt es einen guten Grund.

Es ist zwar möglich, mit verschiedenen Techniken die vorübergehende Aufmerksamkeit des Expartners zurück zu gewinnen, aber das stellt noch lange keine Basis für eine gelingende neue Beziehung mit dem alten Partner dar. Eine liebevolle nährende Beziehung kann nämlich nicht gelingen, solange wir uns nicht wirklich aus unserer emotionalen Abhängigkeit vom Partner gelöst haben.

Deshalb führt dieses Buch und das Praxisprogramm Sie zunächst in die Unabhängigkeit, in echte emotionale Freiheit, zurück in Ihre Kraft und zu Ihnen selbst - und in ein neues Leben! Und dafür müssen Sie WIRKLICH loslassen! Nicht um Ihren Partner zurück zu gewinnen, sondern um neu zu beginnen!

Ob Sie Ihren alten Partner in Ihrem neuen Leben, das in 30 Tagen beginnt - in dem Sie zutiefst glücklich und vollkommen frei, stark und unabhängig sein werden - noch oder wieder an Ihrer Seite haben wollen, können Sie dann immer noch entscheiden.

Die alte Beziehung, das alte Leben mit ihm ist nach einer Trennung in jedem Fall vorbei. Und das ist gut so! Versuchen Sie nicht, sie zwanghaft zurück zu gewinnen, sondern beginnen Sie einen neuen Abschnitt, werden Sie der neue Mensch, der Sie gerne sein möchten, und beginnen Sie ein neues Leben. Mit Ihrem Expartner, mit einem neuen Partner oder zunächst einmal einfach ganz für sich allein. ☺

Eben weil das emotionale Loslassen und das Lösen aus der Abhängikeit so wichtig ist, gibt es zwei Voraussetzungen, die Sie beachten müssen, um mit diesem Programm erfolgreich Ihren Liebeskummer zu heilen und sich wirklich aus jeder Art von Abhängigkeit zu befreien und stark zu werden.

Voraussetzung Nr. 1:

Brechen Sie für 30 Tage (!) jeden Kontakt zu Ihrem Expartner ab.

Wenn es sich absolut nicht vermeiden lässt, zum Beispiel, weil ein Umzug oder die Auflösung einer gemeinsamen Wohnung organisiert werden muss, dann tun Sie das ausschließlich schriftlich und nur auf die zu klärende Sache bezogen. Bringen Sie KEINE persönlichen Inhalte in die Konversation ein und reagieren Sie auch nicht auf persönliches. Wenn Sie verhindern wollen, dass Ihr Expartner sich Sorgen um Sie macht, können Sie maximal zu Beginn schreiben: *Ich werde mich jetzt zurückziehen*. Mehr nicht!

Das ist nicht leicht, aber bedenken Sie bitte, dass Sie den Schritt in die emotionale Unabhängigkeit und damit auch in die echte Bereitschaft für eine harmonische Beziehung jedes Mal ein Stück weiter hinaus zögern, wenn Sie

Ihr Bedürfnis nach Kontakt stillen und dabei in der Abhängigkeit verbleiben.

Voraussetzung Nr. 2:

Nehmen Sie 30 Tage lang keinen Kontakt zu potenziellen neuen Partnern auf (das können Sie nach dem Ende der 30 Tage immer noch tun):

Sie können flirten, wenn Sie mögen, aber verzichten Sie auf Dating und auf das Anmelden auf Online Plattformen vor Ablauf der 30 Tage.

Damit würden Sie sich nämlich, wenn Sie das aus einer Situation des Schmerzes und der emotionalen Abhängigkeit heraus tun, einfach nur von einer Abhängigkeit in die nächste begeben und auch eine neue Beziehung wäre von vornherein entweder zum Scheitern oder zum Leiden verurteilt.

Zunächst kümmern wir uns daher einmal nur um Sie!

Im ersten Schritt müssen SIE frei werden!

Sie werden feststellen, dass wir uns deshalb in den ersten drei Wochen des Programms zunächst nur mit Ihnen, Ihrer inneren Einstellung, Ihren Gefühlen, Ihrem Wohlbefinden und Ihrem Leben beschäftigen und weder auf Ihre vergangene Beziehung, noch auf Ihren Expartner schauen.

Erst in der vierten Woche, wenn Sie innerlich wieder stark und erfüllt sind, werden wir das in einem ganz bewussten 5 Schritte Prozess tun, der Sie in Leichtigkeit und Liebe loslassen lässt und Sie in Ihr neues Leben führt...

Loslassen ist nämlich nichts, das manchen Menschen grundsätzlich leichter fällt als anderen.

Es ist keine Typfrage, wie lange wir an anderen Menschen emotional festhalten und dadurch leiden (müssen).

Nein, Loslassen ist ein bewusster Prozess von 5 ganz bestimmten Schritten, die wir jederzeit gehen können und auf die wir nicht erst Wochen, Monate oder Jahre nach einer Trennung zu warten brauchen, aber die wir eben auch gehen MÜSSEN, um wirklich frei zu werden für einen Neubeginn.

Wenn wir die nötigen Schritte dazu nicht kennen, dann kann es uns passieren, dass wir auch Jahre später noch gedanklich an unserem Expartner festhalten oder Schmerz empfinden, weil wir die entscheidenden Schritte nie gegangen sind. Und das, was dazwischen passiert, ist nicht selten für uns nur eine (unbewusste) Ablenkung von unserem tief sitzenden verdrängten Schmerz.

So verschwenden viele Menschen, ohne es zu wissen, wertvolle Lebensjahre, in denen sie leiden, anstatt glücklich und frei zu sein und das Leben in vollen Zügen zu genießen – einfach deshalb, weil sie nicht wissen, welche die entscheidenden Schritte des Loslassens sind, ja weil sie die wichtige Kunst des Loslassens nicht beherrschen.

Dabei ist Loslassen nicht nur einfach und kann vollkommen ohne Schmerz, Leid und Angst erfolgen, wenn wir wissen, wie wir richtig loslassen, sondern es kann uns auch ein Gefühl von tiefer Dankbarkeit, Freude und Freiheit schenken und unser Leben stark bereichern! Unser Leben wird durch das Loslassen dann nicht ärmer, sondern bedeutend reicher!

Ein angekratztes Selbstwertgefühl kann zwar durch neue Erfahrungen und durch Ablenkung wieder aufgebaut werden (wenn wir uns den RICHTIGEN Erfahrungen aussetzen) – hier kann Zeit also gewisse Wunden heilen, wenn wir wissen, wie wir sie richtig nutzen - doch der Prozess des Loslassens kann dadurch nicht ersetzt werden. Ihn müssen wir verstehen und bewusst gehen.

In Woche 4 des Praxisprogramms in diesem Buch lernen Sie die fünf entscheidenden Schritte des Loslassens kennen.

Dieses Wissen wird Ihnen nicht nur helfen, Ihren momentanen Liebeskummer von innen heraus zu heilen, sondern Sie können es auch für den Rest Ihres Lebens in jeder Situation einsetzen, in der Sie etwas oder jemanden loslassen möchten oder müssen.

Die Kunst des Loslassens zu beherrschen ist eine wichtige Säule der Kunst des Lebens (ebenso wie die Kunst des Liebens und die Kunst der Dankbarkeit zu beherrschen).

Sie können mit diesen 5 Schritten auch nicht nur Menschen, Dinge oder Situationen loslassen, die sich vor kurzem aus Ihrem Leben verabschiedet haben, sondern auch solche, deren Lebensweg sich schon vor Jahren von Ihrem getrennt hat und an denen Sie dennoch bis heute (unfreiwillig) festhalten. Nutzen Sie es also ruhig nach dem Lesen dieses Buches auch dafür, bei der Gelegenheit Ihres Neubeginns auch andere Menschen, Dinge oder Gedanken bewusst loszulassen, an denen Sie im Moment noch unfreiwillig festhalten.

Wenn Sie mit diesem Programm arbeiten, werden sie keinen Schmerz mehr empfinden, sondern Dankbarkeit und Freude! Auch wenn Sie das jetzt noch kaum glauben können.

Doch wie bei jedem neuen Wissen, das Sie sich mit einem Buch aneignen, so gilt auch hier:

Nur *angewandtes* Wissen ist Macht und kann wirklich etwas verändern.

Oftmals scheitern Menschen genau an diesem Punkt. Sie wissen und verstehen, was sie tun müssten, um ihr Ziel zu erreichen, aber sie gehen entweder den Schritt in die Praxis nicht, oder sie versuchen es zwar, aber wissen nicht genau, wie sie ihr Wissen im Alltag umsetzen können und geben es schließlich wieder auf.

Das wird Ihnen nicht passieren! Denn Sie haben dieses Buch gekauft - und dieses Buch ist anders!

Es begleitet Sie bei Ihrem Schritt in die Praxis und zeigt Ihnen in einem großen 30 Tage Praxisteil Schritt für Schritt, wie Sie dieses Wissen ganz einfach sofort in Ihrer persönlichen Situation anwenden, es erfolgreich umsetzen, Ihren Liebeskummer überwinden und befreit loslassen.

Sie erhalten dafür genaue Schritt für Schritt Anleitungen und Übungen für jede Woche oder jeden Tag. Alles, was Sie brauchen, um das Programm umzusetzen, ist ein Notizbuch, etwas Ruhe und dieses Buch.

Wenn Sie es gelesen und das Praxisprogramm umgesetzt haben, werden Sie in 4 Wochen emotional frei sein und keinen Schmerz mehr empfinden.

Sie werden sich frei und leicht, und zugleich stark, reich und voller Liebe fühlen und Sie werden bereit sein für Ihr neues Leben!

Sie werden dann auch frei sein, selbst zu wählen, wer Sie in diesem neuen Leben begleiten darf. Die Entscheidung wird dann bei IHNEN liegen! Denn Sie werden niemanden mehr brauchen für Ihr Glück. Und genau dann kann das Glück kommen...

Wenn Sie einmal gelernt haben, wirklich loszulassen, werden Sie Freude, Glück und Dankbarkeit spüren, wo Sie heute Angst und Schmerz spüren.

Der Weg ist so einfach! Für jeden! Sie müssen nur die Psychologie des Festhaltens und des Loslassens verstehen!

Muten Sie sich nicht noch weitere Stunden voller Leid und den beinahe unerträglichen Schmerz von Verlust und Festhalten zu, sondern gehen Sie den einfachen Weg, lassen Sie in Liebe los und machen Sie sich bereit für ein Leben in Fülle, Glück und Freude!

Viel Spaß auf diesem Weg wünscht Ihnen

Ihre Mira Salm

Die wahren Gründe, warum wir bei Liebeskummer so leiden und warum wir nicht loslassen können

Wenn wir Liebeskummer haben, dann spüren wir einen Schmerz, der oft sehr tief geht. Und dieser Schmerz geht sehr viel weiter, als dass wir unseren ehemaligen Partner „nur" vermissen. Er lässt tiefe und oft unbewusst Ängste in uns an die Oberfläche kommen, deren Ursache wir nicht erkennen und mit denen wir daher auch nicht umgehen können.

In diesem Kapitel möchte ich Ihnen die 4 großen und oft tiefsitzenden Ängste erklären, die in uns aktiv werden wenn wir Liebeskummer haben und eine Beziehung zu Ende geht – egal, ob wir diese Beziehung selbst beendet haben oder ob wir verlassen wurden - und die den größten Teil unseres Leidens verursachen.

Wenn Sie sie verstehen, können Sie Ihr Leiden und Ihre Gefühle einordnen. Sie werden dann auch sehen, dass sie viel mehr mit Ihnen selbst zu tun haben, als mit Ihrer vergangenen Beziehung oder ihrem Expartner. Und dann können Sie genau an diesen vier Ursachen ansetzen, um Ihren Schmerz zu heilen.

All das werden wir in diesem Buch auch Schritt für Schritt gemeinsam tun.

In 30 Tagen werden Sie ein neuer Mensch sein!

Den größten Schmerz, wenn wir Liebeskummer haben, bereitet uns unsere Angst, den Menschen loszulassen, mit dem wir bis vor kurzem unser Leben geteilt haben – und hinter dieser Angst und dem Zwang, innerlich festzuhalten, liegen 3 tiefere Ursachen, die ich Ihnen gleich vorstelle.

Die vierte Ursache, die uns so tief schmerzt, ist unsere falsche Schlussfolgerung aus der Trennung. Wir glauben nämlich fast immer, wenn eine Beziehung nicht funktioniert hat oder wenn wir verlassen wurden, dass wir auf irgendeiner Ebene nicht gut genug waren und sind. Wären wir gut genug gewesen, dann hätte unser Partner ja nicht eine andere Frau uns vorgezogen, so glauben wir. Oder dann wäre er nicht lieber alleine, als mit uns.

Wir machen uns selbst Vorwürfe und werten uns mit diesen Gedanken ab. Und das kratzt natürlich gehörig an unserem Selbstwertgefühl. Doch es ist nicht gerechtfertigt!

Die Wahrheit ist: Vielleicht waren wir zwar tatsächlich nicht das, was unser Expartner gebraucht hat (und auch das ist bei einer Trennung noch lange nicht gesagt!). Aber selbst dann waren wir nicht für das andere Geschlecht NICHT GUT GENUG! Sondern wir waren einfach FÜR IHN nicht die Richtige! Für viele andere potenzielle Partner SIND wir die Traumfrau schlechthin. Denn Bedürfnisse in Partnerschaften sind so unterschiedlich wie die Menschen darin. Und nicht jeder passt zu jedem.

Wir werden in diesem Buch in den nächsten 30 Tagen systematisch Ihr Selbstwertgefühl wieder aufbauen und Sie wieder ganz in Ihre Stärke zurück bringen, sodass Sie das eben gelesene wirklich fühlen können.

Und wir werden anschließend gemeinsam 5 Schritte gehen, mit denen Sie ohne Angst und Schmerz in Liebe Ihre vergangene Beziehung und Ihren Expartner loslassen und ein neues, glückliches Leben voller tiefer Liebe beginnen können.

Nun möchte ich Ihnen die 3 Ursachen zeigen, die es uns so schwer, ja, nicht selten unmöglich machen, einen Menschen (emotional) loszulassen.

Wenn wir an jemandem festhalten und es uns schwer fällt, loszulassen, dann stehen dahinter, wie bereits erwähnt, in der Regel drei tiefere Ursachen, die gar nichts mit dem Menschen selbst zu tun haben, die jedoch dazu führen, dass wir uns fälschlicherweise abhängig von diesem Menschen fühlen.

Keine Sorge, diese gefühlte Abhängigkeit ist eine Illusion und wir werden sie in diesem Programm gründlich auflösen.

Die Wahrheit ist: Wir sind in keiner Weise abhängig von diesem einen Menschen – unserem Expartner - und wir brauchen auch absolut nichts von ihm. Wir brauchen aber andere Dinge, von denen wir fälschlicherweise glauben, dass wir sie nicht anderweitig bekommen können. Und genau deshalb halten wir (berechtigterweise) an ihm fest!

Wenn wir jedoch die drei wahren Gründe kennen, warum wir nicht loslassen können (und wollen!) können wir genau dort ansetzen, die Ursachen auflösen und dann relativ leicht und vor allem ohne Angst und Schmerz loslassen, weil wir erkennen, dass wir in Wahrheit nichts von DIESEM Menschen brauchen und weil wir, sobald wir unsere Ursachen auflösen, auch die Gründe aufgelöst haben, warum wir bisher festhalten MUSSTEN.

Wir haben dann keinen Grund mehr, weiter festzuhalten und können mit freiem Herzen neu beginnen...

Kommen wir nun zu den drei tieferen Gründen, warum Sie an Ihrem Expartner festhalten:

Grund Nr. eins:

Die erste Ursache, warum wir festhalten, hat mit unseren tieferliegenden Bedürfnissen zu tun.

Wenn wir jemanden nicht loslassen können, dann immer auch deshalb, weil mit diesem Menschen wichtige (tiefe und vielleicht auch unbewusste) Bedürfnisse von uns erfüllt worden sind und wir (bewusst oder unbewusst) fürchten, glauben oder uns sogar sicher sind, dass diese Bedürfnisse ohne diesen Menschen oder diese Beziehung unerfüllt bleiben müssen.

Dieser Glaube, einen Anderen zu brauchen, um ein wichtiges Bedürfnis erfüllt zu bekommen, macht uns hochgradig abhängig von der Person und die Vorstellung, etwas, von dem wir abhängig sind, loszulassen, erzeugt natürlich große Angst und dadurch einen enormen Schmerz und Leid.

Nicht selten lässt uns dieser Gedanke, nämlich die falsche Illusion, dass wir von einer Person abhängig sind und sie brauchen, sehr lange, ja viel zu lange festhalten, um den Menschen oder um die Sache kämpfen, und uns mit allen Mitteln versuchen, ihn zurück zu bekommen. In anderen Fällen stürzt uns der Verlust aufgrund genau dieser Illusion der Abhängigkeit in großes Leid oder erzeugt in uns Hoffnungslosigkeit und Resignation.

Wenn wir genauer hinsehen, ist unser starker Wunsch, in Anbetracht dieser Ängste festzuhalten und nicht loszulassen, durchaus sinnvoll.

Es wäre keinesfalls klug, etwas oder jemanden loszulassen, auf den wir zum emotionalen Überleben oder um glücklich zu sein, angewiesen sind. Deshalb müssen Sie sich auch nicht selbst Vorwürfe machen, dass Sie bisher nicht loslassen konnten. Es ist ein Zeichen Ihres Überlebenswillens.

Glücklicherweise ist der Gedanke der Abhängigkeit von einer bestimmten Person jedoch eine vollkommene Illusion. Denn wir können einen Weg finden, unsere wirklich tiefen Bedürfnisse (nicht zu verwechseln mit Träumen und Wünschen) auf andere Weise zu erfüllen.

Und einen solchen Weg MÜSSEN wir sogar finden, wenn wir loslassen wollen, und wir sollten es achtsam und ganz bewusst tun!

Ja, wir können es uns nicht leisten, unsere wichtigsten Bedürfnisse unerfüllt zu lassen, denn solange wir das tun, werden wir gezwungen sein, unsere (schmerzhaften) Gefühle zu verdrängen oder zu leiden.

Was wir also in Wirklichkeit festhalten und auf keinen Fall verlieren wollen, ist gar nicht diese eine Person. Sondern es ist die Erfüllung unserer Bedürfnisse!

Hinter jedem Gefühl von Leid steckt ein unerfülltes Bedürfnis (je größer unser Leid, desto tiefer und elementarer ist das Bedürfnis dahinter).

Und die erste Voraussetzung, um loslassen zu können, ist, zu verstehen, welches konkrete Bedürfnis wir hinter unserem Leid haben und uns zu erlauben, uns selbst dieses Bedürfnis zu erfüllen!

Und zwar mit oder ohne diesen Menschen!

Lassen Sie mich dazu ein Beispiel geben.

Nach einer Trennung von einem Partner können wir häufig nicht aufhören an ihn zu denken. Wir vermissen seine Aufmerksamkeit und die Nähe zu ihm und der Gedanke daran, dass er ohne uns klar kommt oder sogar glücklich ist, ist für uns oft beinahe unerträglich.

Sie erinnern sich: Hinter jedem Leid steckt ein unerfülltes Bedürfnis.

Fragen wir uns deshalb nun: Welche Bedürfnisse sind unerfüllt, wenn wir so leiden?

Das ist manchmal leicht zu erkennen, wenn es sich um ein bewusstes Bedürfnis handelt, und manchmal etwas schwerer zu erkennen, wenn es sich um ein unbewusstes handelt, denn nicht alle unsere Bedürfnisse (selbst die ganz wichtigen) sind uns bewusst.

Dennoch müssen wir lernen, beide Arten von Bedürfnissen (die bewussten und die unbewussten) zu erkennen und ernst zu nehmen. Und sie uns zu erfüllen!

Sonst werden wir immer wieder leiden und an Menschen festhalten müssen, weil wir sie zur Erfüllung unserer Bedürfnisse brauchen, da wir selbst keinen Zugang dazu haben.

In unserem Trennungsbeispiel von gerade eben leiden wir an zwei bewussten und einem bei vielen Menschen unbewussten unerfüllten Bedürfnis:

Unser Bedürfnis nach Aufmerksamkeit und unser Bedürfnis nach Nähe (beide durch die

Trennung momentan unerfüllt) sind uns in der Regel bewusst.

Aber auch hinter unserem großen Schmerz über den Gedanken, dass unser Expartner ohne uns problemlos klar kommt oder gar glücklich ist, steckt ein unerfülltes tiefes und sehr berechtigtes Bedürfnis:

Unser Bedürfnis, für einen anderen Menschen wichtig zu sein!

Dieses Bedürfnis gehört zu unseren elementaren Bedürfnissen und es ist vollkommen berechtigt. Es ist IN ORDNUNG, dass Sie sich das wünschen!

Und eben deshalb ist es auch so wichtig, dass wir es uns erlauben und uns – mehr noch – dazu entscheiden, uns dieses Bedürfnis (einen Menschen an unserer Seite zu haben, dem wir wichtig sind) zu erfüllen.

Dieses Wichtig-Nehmen und sich-Kümmern um die eigenen Bedürfnisse ist der Kern der

Selbstliebe! Wir MÜSSEN uns unsere wichtigen Bedürfnisse erfüllen, wenn wir aufhören wollen zu leiden oder von anderen abhängig zu sein (was ebenfalls zu Leid führt).

Um GLÜCKLICH loslassen zu können, sind also sowohl das Erkennen, als auch der richtige Umgang mit unseren wahren Bedürfnissen entscheidend.

Als Faustregel gilt:

Je größer Ihr Schmerz in einer Situation oder beim Gedanken an eine bestimmte Sache oder einen Menschen, desto wichtiger ist für Sie das unerfüllte Bedürfnis, das sich dahinter verbirgt. Sie sollten es also unbedingt in Ihr Bewusstsein holen, um dafür sorgen zu können, dass es in Ihrem Leben in Zukunft erfüllt wird.

Gehen wir noch einmal zu unserem Beispiel zurück.

Wenn Sie sich nach dieser Trennung sagen würden:

Es soll wohl einfach nicht sein... Es klappt bei mir einfach nicht mit den Beziehungen, ich bin wohl einfach nicht gut genug. Oder: Ich muss wohl lernen, alleine glücklich zu sein und mich ein für alle Mal von dem Gedanken verabschieden, eine innige Beziehung führen zu können, dann werden Sie in jedem Fall in Zukunft leiden!

Denn Sie muten sich durch solche Gedanken zu, Ihre tiefsten Bedürfnisse und Herzenswünsche zu übergehen und auf Ihr Glück zu verzichten. So grausam sollten Sie niemals mit sich selbst umgehen.

Sie werden sich dann wahrscheinlich in alle möglichen Formen der Ablenkung stürzen, um diesen Schmerz zu betäuben – und in immer wieder kehrenden Momenten (auch noch Jahre später) sehnsüchtig an die Zeit mit Ihrem Expartner zurück denken, als Ihre wahren Herzenswünsche noch erfüllt waren.

Viel besser ist es deshalb, in dieser Situation zu sagen:

Ja! Ich wünsche mir einen Partner, dem ich wichtig bin, und der mir Aufmerksamkeit und Nähe schenkt. Das ist für mich wichtig und ich stehe dazu! Und ich gönne es mir, mir einen solchen Partner zu suchen und glücklich zu werden. Auch wenn ich noch etwas darauf warten muss, werde ich es niemals aufgeben. Denn ich gönne mir, mein Glück wichtig zu nehmen und ein erfülltes Leben zu leben.

Damit entlassen Sie auch Ihren Expartner aus der Verantwortung, Ihnen dieses wichtige Bedürfnis zu erfüllen.

Nur dann können Sie angstfrei loslassen.

Keine Sorge, wie Sie das in der Praxis in Ihrer Situation umsetzen können, erfahren Sie ganz genau Schritt für Schritt im Praxisteil. Hier möchte ich Ihnen zunächst nur einen Überblick geben.

Übrigens:

Wann immer Sie bei der Erinnerung an einen Menschen oder eine Situation noch Jahre später einen sehnsüchtigen Schmerz verspüren, ist das ein Zeichen dafür, dass ein oder mehrere tiefe Bedürfnisse, die damals erfüllt waren, bis heute in Ihrem Leben unerfüllt geblieben sind.

Schauen Sie hier unbedingt genau hin, gestehen Sie sich ein, welches Bedürfnis das ist (auch wenn es vielleicht nicht zu Ihrem Selbstbild passt) und entscheiden Sie sich dazu, einen Weg zu finden, um es in Zukunft auf andere Weise und mit einem anderen Menschen zu erfüllen.

Wenn Sie das nicht tun, werden Ihre unerfüllten Bedürfnisse Sie ein Leben lang verfolgen und Sie immer wieder einholen. Sie werden schlichtweg nicht erfüllt leben, wenn Sie Ihre wahren Bedürfnisse übergehen oder nicht einmal kennen.

Lassen Sie uns also noch einmal zusammenfassen:

Wir MÜSSEN einen Weg finden, unsere tiefen Bedürfnisse zu erkennen und sie uns langfristig zu erfüllen (und zwar mit oder ohne unseren Expartner!), wenn wir loslassen, uns von Leid befreien und glücklich leben wollen.

Und jetzt die gute Nachricht:

Es gibt IMMER viele verschiedene Wege, um ein Bedürfnis zu erfüllen.

Wir brauchen zwar für manche Bedürfnisse, wie zum Beispiel unser Bedürfnis nach Nähe und Aufmerksamkeit, andere Menschen, aber wir brauchen niemals EINEN ganz speziellen oder DIESEN EINEN Menschen, um ein tiefes Bedürfnis erfüllt zu bekommen. Niemals. Es gibt IMMER verschiedene Wege.

Das Verstehen unserer wahren Bedürfnisse und dass wir einen Weg finden MÜSSEN, sie langfristig zu erfüllen, ist der erste und entscheidende Schritt zum erfolgreichen Loslassen und zum Überwinden von Liebeskummer. Wie Sie diesen Schritt einfach und erfolgreich in Ihrer persönlichen Situation gehen, erfahren Sie, wie erwähnt, im Praxisteil.

Grund Nr. zwei:

Kommen wir nun zu der zweiten Ursache, warum wir an etwas oder an jemandem festhalten und nicht loslassen können, und das ist:

Unsere Angst vor der Veränderung.

Fast jeder Mensch hat Angst vor Veränderung, denn wir müssen uns dabei in unbekannte Gefilde wagen und unsere Komfortzone verlassen und wir wissen nicht, was uns erwartet, wie wir in der neuen Situation zurechtkommen und wie glücklich wir darin sein werden.

Sicher kennen Sie das Sprichwort: Die bekannte Hölle ist besser als der unbekannte Himmel.

Und genau diese Angst vor der Veränderung (und vor dem Verlassen der eigenen Komfortzone) ist auch verantwortlich dafür, dass wir sehr oft viel zu lange in Situationen verharren, in denen wir unglücklich sind oder die uns schaden, anstatt loszulassen und neu zu beginnen.

Das gilt für destruktive Beziehungen ebenso wie für belastende und auslaugende Jobs oder für ein soziales Umfeld, das uns herunter zieht und „Freunde", die uns nicht gut tun.

Loslassen bringt immer auch einen Neuanfang mit sich, und der macht Angst.

Wenn wir erfolgreich und angstfrei loslassen wollen, dann müssen wir also auch wissen, wie wir gelassen und zuversichtlich mit Veränderungen in unserem Leben umgehen. Auch das werden Sie in diesem Buch ganz praktisch lernen.

Grund Nr. drei:

Die dritte Ursache, warum wir an einem Menschen oder einer Situation festhalten und nicht loslassen wollen, ist unsere (bewusste oder unbewusste) Überzeugung oder Annahme, dass das, was uns erwartet, nachdem wir loslassen, also das, was danach kommt, SCHLECHTER ist, als die Situation davor, also schlechter als das, was wir loslassen.

Wenn wir ganz sicher wären, dass uns nach dem Loslassen etwas Besseres erwartet als vorher, würde uns das Loslassen bedeutend leichter fallen, ja wir würden es vielleicht sogar gerne tun, in freudiger Erwartung auf das, was danach kommt.

Aber unsere Angst vor der Veränderung verzerrt unsere Sicht auf die Realität.

Sicher haben Sie das auch schon erlebt:

Wenn eine Beziehung gegen unseren Willen endet, sind wir sicher, dass wir nie wieder einen so passenden und wunderbaren Menschen finden werden und wir nie wieder so glücklich sein werden wie in dieser Beziehung. Doch zwei Jahre später finden wir uns in einer neuen Partnerschaft wieder, in der wir viel glücklicher sind.

Oder: Wie oft glauben wir bei einem Jobverlust, in unserem Alter oder in unserer Lebenssituation keine passende Stelle mehr zu finden und stellen ein Jahr später fest, dass der Jobverlust letztlich sogar gut war, weil sich etwas ergeben hat, das noch viel besser zu uns passt...

Natürlich sollten wir es nicht alleine dem Glück überlassen, was nach dem Loslassen in unserem Leben passiert. Und das müssen wir auch nicht.

Aber diese Beispiele aus der Praxis, die fast jeder kennt, zeigen uns, dass uns unsere Angst und unsere Einschätzung der Zukunft im Moment des Loslassens sehr oft trügen und dass unsere Erwartung von der Zukunft in der Regel viel düsterer ist, als die Realität tatsächlich ist.

Zudem gibt es Wege, wie wir unsere Zukunft proaktiv selbst gestalten können, und so die Wahrscheinlichkeit ganz bedeutend erhöhen, dass unser Leben nach dem Loslassen besser wird, als davor. Auch dafür finden Sie in diesem Buch eine praktische Anleitung.

Nun kennen Sie also die wahren Gründe, warum Sie im Moment (noch) nicht loslassen können und warum Sie so sehr leiden.

Lassen Sie uns nun keine weitere Zeit verlieren, in der Sie unnötig leiden, sondern gleich beginnen mit dem 30 Tage Praxisprogramm, das Sie Schritt für Schritt aus IHREM Liebeskummer und Ihrem Schmerz hinaus in Ihr leichtes, glückliches und erfülltes neues Leben voller tiefer Dankbarkeit und Liebe führt!

LIEBESKUMMER ÜBERWINDEN IN 30 TAGEN

DAS PRAXISPROGRAMM

WOCHE 1

IN 6 SCHRITTEN ZU EINEM STARKEN SELBSTWERTGEFÜHL

Wenn wir eine Trennung durchleben und Liebeskummer haben, dann ist immer auch unser Selbstwertgefühl angekratzt.

Manchmal ging die Trennung mit demütigenden Ereignissen, wie vielleicht einem Treuebruch einher. Vielleicht haben wir uns auch getrennt, weil wir uns nicht mehr wertgeschätzt gefühlt haben. Vielleicht wurden wir auf eine Art und Weise verlassen, die für uns entwürdigend war. Doch selbst wenn das alles nicht der Fall war, dann ist alleine die Tatsache wenn wir verlassen wurden, dass unser Expartner sein Leben lieber ohne uns leben möchte, bereits eine immense Herausforderung für unser Selbstwertgefühl.

Wir glauben dann, wir seien weniger wert als andere Partner, weil er sich gegen uns entschieden hat. Dabei ist es in den allermeisten Fällen einfach so, dass er entweder etwas nicht aushalten konnte, was wir getan haben, oder dass er etwas gebraucht hat, das wir ihm nicht geben konnten, oder dass wir aus anderen Gründen einfach FÜR IHN keine geeignete Partnerin waren.

Das tut natürlich trotzdem weh und ist zu Beginn schwer zu akzeptieren (nach den 30 Tagen werden Sie sich bei diesem Gedanken überhaupt nicht mehr schlecht fühlen). Doch das hat mit unserem Wert als Mensch und als Partnerin nicht das Geringste zu tun.

Wie schon erwähnt: Nicht jeder Mensch passt zu jedem. Und das macht auch überhaupt nichts!

Dass es 7 Milliarden Menschen auf der Welt gibt, davon etwa 3,5 Milliarden Menschen von dem Geschlecht, das Sie interessiert, und davon knapp eine Milliarde potenzielle Partner in einer Altersgruppe, die für Sie in Frage kommen könnte – und dass es dank Globalisierung, Internet und Online Dating heute auch kein Problem mehr ist, auf der ganzen Welt einen der unzähligen Traumpartner zu suchen und zu finden, die wirklich zu Ihnen passen (ja, davon gibt es ganz viele!), muss ich Ihnen ja gar nicht sagen.

Aber so rational können Sie das unmittelbar nach einer Trennung natürlich noch nicht sehen. Und keine Sorge, das müssen Sie zu diesem Zeitpunkt auch noch nicht.

Auch wenn Sie sich im Moment tief verletzt und gedemütigt, ja vielleicht entwürdigt fühlen und Ihr Schmerz so tief geht, dass Sie kaum noch Kraft haben, Ihren Alltag zu bewältigen, werden Sie sich bald wieder stark, wertvoll und glücklich fühlen!

Deshalb werden wir in Woche eins auch gleich damit beginnen, Ihr Selbstbild wieder gerade zu rücken (Sie sind nämlich fantastisch! Und dass Sie nicht zu jedem Partner passen, heißt noch lange nicht, dass Sie nicht großartig sind und eine große und wunderbare glückliche Liebesgeschichte mit einem anderen Partner vor sich haben, der zu Ihnen passt. Sie müssen dafür nur den Prozess des Loslassens (ernsthaft) durchlaufen, den wir in Woche vier gehen, sodass Sie wirklich frei sind für Neues und Ihr Herz wieder angstfrei öffnen können!)

Aber kommen wir zurück zu Ihrem Praxisprogramm in Woche 1.

Wir werden nun Ihr Selbstbild und Ihr Wissen um Ihren Wert (Ihr SelbstwertGEFÜHL) und um Ihre innere Stärke und Unabhängigkeit, die in diesem Moment vielleicht gerade stark beschädigt sind, systematisch wieder aufbauen und Sie in Ihre volle Größe und Schönheit zurück bringen! Denn alles andere wird Ihnen nicht gerecht!

Verbringen Sie bitte niemals Ihr Leben damit, sich selbst kleiner zu machen, als Sie sind! (oder zuzulassen, dass Andere das tun).

Behalten Sie das Wissen aus diesem Programm immer im Kopf und nutzen Sie es gezielt auch später in Ihrem Leben immer dann, wenn etwas oder jemand (oder Sie selbst), Ihr Selbstwertgefühl angekratzt hat.

Bleiben Sie für den Rest Ihres Lebens in Ihrer vollen Größe und Schönheit!

Bleiben Sie sie selbst! Denn Sie sind wunderbar!

Und hier sind die 6 Schritte, die Sie in den ersten 7 Tagen dieses Programms ganz bewusst gehen sollten, um wieder ganz in Ihrer vollen Größe und Schönheit zu erstrahlen!

Schritt 1: Sie sind richtig

Ein Mensch mit einem gesunden Selbstwertgefühl ist der Überzeugung, dass er grundsätzlich richtig und ein guter Mensch ist, dass er das Beste verdient und dass das, was er kann, tut und ist, ausreichend ist und einen Wert hat.

Kurz: Er findet sich richtig, so wie er ist und glaubt, dass er für die Welt wertvoll ist, und er möchte deshalb auch das Beste für sich selbst.

Er plagt sich nicht mit Gedanken herum, dass er besser oder anders sein sollte oder dass er etwas Gutes, das ihm geschieht, nicht verdient hat. Er gönnt sich das Beste und sorgt auch aktiv dafür, dass es ihm gut geht.

Andere Menschen bemerken das, sie spüren seine innere Grundhaltung und beginnen, ihn ebenfalls mit mehr Respekt und Umsicht zu behandeln, was sein positives Selbstbild weiter verstärkt.

Leider hat unsere natürliche positive Grundhaltung uns selbst gegenüber, mit der wir alle geboren wurden, bei vielen von uns im Laufe der Jahre Schaden genommen: Nicht nur durch (schmerzhafte) Trennungen, sondern auch durch Kritik und Ermahnungen von außen, durch Leistungsdruck, überhöhte Standards durch die Medien, oder traumatische Ereignisse, aber auch durch offene oder versteckte Ablehnung von anderen, wenn wir bestimmte Ansprüche nicht erfüllt oder bestimmten Trends nicht entsprochen haben.

Unsere Liebe und Freundschaft zu uns selbst wurde bei vielen von uns im Laufe der Jahre ganz allmählich zerstört und meist unmerklich durch eine kritische innere Stimme ersetzt, die uns antreibt, ermahnt, uns in Frage stellt und kritisiert und die uns all das sagt, was uns früher einmal von außen eingeredet oder auch, was anderen Menschen, die uns nahe standen, früher in unserer Gegenwart gesagt wurde.

Vor diesem Hintergrund wirkt ein Ereignis wie eine Trennung sich oft besonders verheerend auf unser ohnehin schon schwaches Selbstwertgefühl aus.

Doch wir können bewusst gegensteuern!

Wenn wir zu unserer natürlichen inneren Grundhaltung und unserem angeborenen Selbstwertgefühl zurück finden wollen, dann sollten wir die folgenden fünf Dinge tun:

Erstens:
Ein Gespür für uns selbst entwickeln (siehe Schritt 1)

Zweitens:
Uns unseren Wert für die Welt bewusst machen (siehe Schritt 2)

Drittens:
Uns das Beste gönnen lernen (siehe Schritt 3)

Viertens:
Unseren Anspruch an das Leben neu festlegen (siehe Schritt 4)

Fünftens:
Unseren inneren Kritiker zum Schweigen bringen (siehe Schritt 5)

In diesem ersten Schritt möchte ich Ihnen eine sehr simple, aber ungeheuer mächtige Übung verraten, mit der Sie innerhalb von wenigen Tagen eine Verbindung zu Ihrem inneren Kern aufbauen und ein Gespür für sich selbst entwickeln, gleichzeitig eine große innere Kraft und eine starke Widerstandskraft entwickeln und lernen, Ihren Fokus und Ihre Gedanken zu kontrollieren.

Ich empfehle Ihnen, diese Übung morgens und abends für jeweils wenige Minuten zu machen.

Täuschen Sie sich nicht, falls Ihnen diese Übung beim ersten Lesen trivial erscheinen sollte. Sie ist die Basis für ein starkes Selbstbewusstsein. Nur wenn wir uns selbst spüren, können wir uns wirklich kennen, und nur dann können wir uns selbst einschätzen lernen (die

Basis für ein starkes Selbstvertrauen) und uns wertschätzen (die Basis für ein gesundes Selbstwertgefühl). Wenn Sie Ihr Selbstbewusstsein stärken wollen, machen Sie die Übung daher auf jeden Fall!

Setzen Sie sich bequem und mit aufrechtem Rücken im Schneidersitz auf einen harten Untergrund (z.B. auf einen Teppich), schalten Sie Ihr Telefon aus und schließen Sie die Augen. Atmen Sie ruhig ein und aus und beginnen Sie, Ihre Aufmerksamkeit auf Ihren Atem zu richten und ihn zu verfolgen, bis Sie innerlich ruhig werden.

Stellen Sie sich dann eine weiße Fläche vor. Sobald Gedanken, Bilder oder Erinnerungen auftauchen (was bei Anfängern in der Regel alle paar Sekunden geschieht), schieben Sie diese Gedanken und Bilder beiseite, bis die weiße Fläche vor Ihrem inneren Auge wieder frei ist. Verlieren Sie die weiße Fläche niemals aus dem Blick.

Wenn Sie nach einigen Minuten die Augen wieder öffnen, werden Sie sich unmittelbar stärker, klarer, in sich ruhend und mit sich verbunden fühlen. Und mit jeder Meditation nimmt diese Wirkung zu, da Ihre Konzentrationsfähigkeit immer weiter trainiert wird.

Diese kleine, trivial klingende Übung – eine Zen-Meditation - ist eine hoch effektive Methode, um Konzentration und Fokus zu schärfen und eine Verbindung zu unserem inneren Kern und unserer inneren Kraft herzustellen. Sie trainiert darüber hinaus unsere innere Widerstandskraft und unsere Fähigkeit, Abläufe selbst zu steuern und zu kontrollieren und schafft dadurch mit sehr wenig Aufwand die perfekte Basis für ein wirklich starkes Selbstbewusstsein. Probieren Sie es aus!

Wahrscheinlich wird es Ihnen anfangs nicht möglich sein, sich 10 Minuten voll zu konzentrieren. Das ist kein Problem, steigern Sie sich dann einfach langsam. Beginnen Sie mit 4 o- der 5 Minuten voll konzentrierter Meditation morgens und abends und steigern Sie sich jeden Tag um eine Minute. Wichtig ist aber, dass Sie in diesen Minuten wirklich alles geben und 100% konzentriert bleiben.

An Tagen, an denen Sie sehr müde oder gestresst sind, nehmen Sie sich nur 3 Minuten bei wirklich voller Konzentration, aber bleiben Sie ebenfalls zu 100% präsent und kontrollieren Sie in diesen 3 Minuten Ihre Gedanken vollständig. Dadurch erzielen Sie eine größere Wirkung als mit 10 oder 20 Minuten halbherziger Meditation mit abschweifenden Gedanken.

Schritt 2: Lernen Sie Ihren wahren Wert kennen

Ich habe eine ungewöhnliche Frage an Sie:

Welchen Wert haben Sie eigentlich für die Welt?

Die wenigsten von uns können diese Frage beantworten. Vielleicht wissen wir zwar, was uns besonders und einzigartig macht (manchmal wissen wir auch das nicht), aber woher wissen wir, wie wertvoll uns das für die Welt macht und inwiefern die Welt von unserer Einzigartigkeit profitiert?

Der Schlüssel zu einem gesunden Selbstwertgefühl liegt jedoch genau hier: Wir müssen unseren eigenen Wert nicht nur kennen, sondern auch wissen, dass und wie wir ihn der Welt (oder unserer Umgebung) zur Verfügung stellen, sodass unser Umfeld auch davon profitiert und bereichert wird. Denn selbst die größten Talente stiften keinen Wert, solange sie ungenutzt bleiben.

Ich bin davon überzeugt, dass jeder Mensch einen großen Gewinn für seine Umgebung darstellen kann, wenn er es möchte, und wunderbare Dinge zu geben hat. Aber wer sich dessen nicht bewusst ist, wird diese Dinge auch nicht geben können. Er hat zu seinem inneren Reichtum keinen Zugang und behält ihn ungenutzt in sich. Dort verkümmert er mit den Jahren, weil er nicht wahrgenommen, genutzt und geteilt wurde.

Tun Sie daher doch einmal etwas Ungewöhnliches:

Nehmen Sie sich etwas Zeit und ein Notizbuch und ziehen Sie sich zurück. Machen Sie sich nun Gedanken darüber, was Sie wertvoll macht:

Notieren Sie 5 Dinge, für die andere Menschen Sie schätzen, 5 Dinge, für die Sie Komplimente bekommen oder früher bekommen haben, 5 Dinge, die Sie als Kind besonders liebenswert gemacht haben, 5 Situationen, in denen Sie anderen Menschen wirklich geholfen oder sie voran gebracht haben und 5 Situationen, in denen Sie einen Menschen tief glücklich gemacht haben.

Erkennen Sie einen roten Faden? Etwas, das Sie und Ihre Fähigkeiten ausmacht und mit dem Sie die Welt bereichern können? Schreiben Sie es auf.

Im zweiten Schritt machen Sie sich Gedanken darüber, inwiefern Sie Ihren Wert der Welt zur Verfügung stellen: Was von den Dingen, die Sie oben notiert haben, haben Sie im letzten Monat und in der letzten Woche getan oder gegeben?

Wenn vieles von dem schon längere Zeit zurück liegt, dann machen Sie sich keine Sorgen, Sie können sich jederzeit neu entscheiden. Sie hatten sicher gute Gründe dafür, die Dinge, die Sie zu geben haben, zunächst in sich zu behalten. Aber wollen Sie das weiterhin tun? Oder möchten Sie sich heute entscheiden, Ihre Gaben der Welt wieder zur Verfügung zu stellen? Notieren Sie 10 Dinge, mit denen Sie die Welt (oder Ihre Umgebung) ab heute regelmäßig bereichern wollen.

Falls Sie Schwierigkeiten haben, den Gedanken überhaupt zuzulassen, dass Sie wertvoll für diese Welt oder für die Menschen um Sie herum sind oder sein können (ein Zeichen für sehr wenig Selbstliebe – arbeiten Sie dann am besten nach diesem Programm auch einmal gezielt an Ihrer Selbstliebe), dann habe ich für den Anfang einen sehr hilfreichen Tip für Sie:

Sehen Sie sich den Film „Ist das Leben nicht schön" mit James Stewart und Donna Reed aus dem Jahr 1946 an. Er erzählt auf wunderschöne und berührende Weise die Geschichte eines Mannes, der sich wegen seiner Schulden am Heiligabend das Leben nehmen will. Das wollen die „himmlischen Mächte" jedoch nicht zulassen: Ein Engel rettet ihn und führt ihm vor Augen, was aus dem Ort und seinen Bewohnern geworden wäre, hätte er nie gelebt... Erst dadurch wird ihm bewusst, wie viele Leben er bereichert und positiv beeinflusst hat und wie wichtig es für die Welt ist, dass es ihn gibt.

Dieser Film wird Sie sich selbst und auch Ihr Leben mit völlig anderen Augen sehen lassen.

Schritt 3: Warum Sie das Allerbeste verdienen

Viele von uns haben – ohne es zu merken - einen sehr geringen Anspruch an das Leben. Wir glauben dann zum Beispiel, gutes Geld zu verdienen, stünde uns nicht zu – das wäre unfair gegenüber denjenigen, die nicht so viel haben. Auch eine glückliche Beziehung, ein harmonisches Familienleben oder eine tolle Karriere zu haben, ohne uns sehr dafür mühen oder Stress aushalten zu müssen, können wir uns nicht vorstellen.

Wer einen tollen Job hat, der muss nun mal auch regelmäßig Überstunden machen, denken wir. Und wer drei Kinder großzieht, der muss eben selbst für eine Zeit zurück stecken und kann nicht zugleich entspannt sein und gut auf sich selbst achten.

Wir glauben fast immer, dass wir uns entscheiden müssen. Wenn wir etwas Schönes haben, dann müssen wir dafür entweder einen hohen Preis zahlen, oder aber auf etwas anderes schönes verzichten, so denken wir. Manchmal ist das tatsächlich so. Aber allzu oft schränken wir uns vollkommen unnötig ein, wäre unser Zurückstecken anderer Interessen gar nicht notwendig, wenn wir etwas Bestimmtes haben möchten. Wir erlauben uns zu wenig. Wir sind in einem Mangeldenken gefangen, in dem wir glauben, es gäbe von allem zu wenig.

Tatsächlich können wir jedoch (fast) immer viel mehr haben als wir glauben. Wir müssen unser Mangeldenken dafür aber gegen ein Überflussdenken eintauschen, müssen beginnen, die zahlreichen Geschenke zu erkennen, den das Universum uns anbietet und die wir nur annehmen müssen, und wir müssen unseren Blick fort von Beschränkung und Mangel und hin zu Überfluss, Fülle, Reichtum und Glück richten. Unser Leben wird früher oder später so aussehen wie unsere Gedanken und wir bekommen letztendlich das, was wir vom

Leben erwarten. Wenn wir also unser Leben ändern wollen, dann müssen wir zuerst unsere Gedanken ändern.

Öffnen Sie sich für neue Gedanken und ersetzen Sie die Worte „entweder...oder" durch die Worte „sowohl...als auch":

Es ist nicht ausgeschlossen, sehr gutes Geld zu verdienen (auch für Sie!), einen tollen Job zu haben und dennoch dafür zu sorgen, dass Sie um 18 Uhr nach Hause gehen. Wir können wunderbare Eltern sein – vielleicht sogar alleinerziehend - und trotzdem stets gut auf uns selbst achten. Wir dürfen viel mehr haben als wir glauben! Und oftmals müssen wegen unseres Wunsches nicht einmal unbedingt Andere zurückstecken. Wir müssen es uns nur erlauben! Denn selbst wenn das Universum uns unseren Traumjob, den Traumpartner und das große Glück vorsetzt, so werden wir es abblocken und mit allen Kräften aus unserem Leben fernhalten, wenn wir überzeugt sind, es nicht verdient zu haben.

ERLAUBEN SIE SICH GLÜCK!

Wenn wir uns dieses Glück gönnen und uns erlauben, schöne Dinge im Leben zuzulassen, dann wird alleine dadurch bereits unser Selbstwertgefühl zunehmen, denn wir signalisieren uns mit dieser Haltung, dass wir es wert sind, Glück und Fülle zu genießen.

Betrachten Sie heute einmal die Bereiche in Ihrem Leben, in denen Sie häufig den Kürzeren ziehen, Ihre Interessen hinten anstellen und dadurch unzufrieden sind: Seien Sie jetzt ganz ehrlich:

Was, glauben Sie, steht Ihnen in diesen Bereichen zu?

Diese Frage ist nicht leicht zu beantworten und sie kostet Überwindung. Wer gesteht sich schon gerne ein, dass er selbst aktiv sein Glück von sich fern hält... Dann wären wir ja selbst schuld an unserer Unzufriedenheit und hätten uns womöglich jahrelang selbst unglücklich gemacht.

Überwinden Sie sich trotzdem!

Denn selbst wenn das bisher so war, können wir jederzeit eine neue Entscheidung treffen! Auch wenn wir uns die letzten 20, 30, 40, oder auch 70 Jahre kein Glück erlaubt haben (in bestimmten Lebensbereichen oder auch in allen), so können wir uns jetzt dazu entscheiden, ab heute das große Glück zuzulassen! Es uns zu erlauben! Wenn wir selbstbewusst nach den schönen Dingen im Leben greifen wollen, so müssen wir uns das zuvor erst einmal erlaubt haben!

So verrückt es ist: Aber oft erlauben wir uns selbst unser Glück nicht!

Da die Überwindung bei vielen Menschen sehr groß ist, schreiben Sie zunächst nur 3 Bereiche auf, in denen Sie sich momentan kein echtes, großes Glück gönnen wollen. Wohl gemerkt: es geht hier nicht nur um den Bereich Beziehungen und Partnerschaft, sondern um Ihr gesamtes Leben.

Machen Sie sich nun Ihre Gründe dafür klar, indem Sie zu jedem Bereich nur 5 kurze Sätze oder Stichworte notieren:

Was würde passieren, wenn Sie es doch täten: Wem tun Sie weh, wenn Sie das große Glück in Ihr Leben lassen? Wen müssen Sie zurück lassen? Wen wollen Sie nicht verlieren oder nicht verunsichern? Warum haben Sie es nicht verdient?

Vervollständigen Sie nun zu jedem Ihrer drei Bereiche die folgenden Sätze:

Sobald ich das große Glück lebe, kann ich ... (Personen, die Sie lieben)... auf mein Glückslevel hochziehen und sie endlich auch glücklich machen! Ich verlasse sie jetzt für kurze Zeit, um den Weg zu meinem Glück zu gehen. Sobald ich dort bin, hole ich sie zu mir. Sie müssen sich nicht verändern. Ich werde aus eigener Kraft dafür sorgen, dass sie zu mir in den Zustand von Fülle, Reichtum und großem

Glück kommen können. Ich werde sie nicht im Stich lassen.

Dieses Versprechen ist eine wirksame Methode, um Schuldgefühle und Minderwertigkeit zu überwinden und einen guten Grund zu haben, sich das Beste im Leben zu gönnen.

Schritt 4: Ihre Ansprüche an das Leben sind nur so hoch wie Ihr Selbstwertgefühl - So steigern Sie beides dauerhaft

Sobald Sie sich erlaubt und dazu entschlossen haben, Glück und Fülle in Ihr Leben zu lassen, können Sie Ihre Ansprüche – das, was Sie vom Lebe erwarten – konkret festlegen. Wir erwarten immer irgendetwas – ob positiv oder negativ – ganz gleich, ob es uns bewusst ist oder nicht.

Und Sie wissen ja:

Wir bekommen letztendlich das, was wir erwarten. Wir sollten uns deshalb unsere Erwartungen an das Leben bewusst machen und sie selbst bestimmen.

Legen Sie daher heute Ihren eigenen Anspruch an die wichtigen Bereiche in Ihrem Leben einfach noch einmal neu fest! Auch hier noch einmal zur Erinnerung: Es geht um Ihr gesamtes Leben, nicht nur um den Bereich Partnerschaft.

Bestimmen Sie selbst, was Sie als Ihnen angemessen betrachten möchten und damit auch, was Sie vom Leben bekommen möchten. Überlegen Sie auch, wie das, was Sie sein, tun und haben möchten, genau aussehen soll. Machen Sie sich dabei vorerst keine Gedanken darüber, ob und wie Sie es erreichen können. Hier geht es darum, Ihr Selbstwertgefühl aufzubauen, indem Sie sich bewusst machen, dass Sie Fülle verdienen und wie diese Fülle sich genau in Ihrem Leben zeigen soll. Die konkrete Umsetzung kann sich später zeigen und mit Hilfe von guten Zielerreichungsstrategien ermöglicht werden.

Es ist wichtig, ein genaues Bild von dem vor Augen zu haben, was Sie sich wünschen, denn erst, wenn wir uns konkrete Bilder vorstellen, konkrete Visionen entwickeln, und diese konkreten Bilder betrachten, werden wir das Gefühl von Fülle in uns spüren und unserem

Selbstwertgefühl dadurch Auftrieb geben. Außerdem wecken Bilder in uns Vorfreude, Begeisterung und Tatendrang und die wiederum lenken unseren Fokus auf unseren Zielzustand und geben uns dadurch eine innere Ausrichtung und Sicherheit (die wir auch nach außen ausstrahlen).

Allein durch diese neue „Zielorientierung" wirken wir auf unsere Umwelt sehr viel selbstbewusster und selbstsicherer, da wir offensichtlich wissen, was wir wollen und davon ausgehen, dass wir es auch bekommen werden.

Stellen Sie sich also genau vor, was Sie sich wünschen - in allen Lebensbereichen und in allen Details. Und schreiben Sie es auf. Woran auch immer Sie denken: Erlauben Sie sich, in Gedanken eine Situation zu erschaffen, von der Sie denken: fantastisch! Genau so sollte es sein!

Formulieren Sie Ihre Wünsche immer als Beschreibung einer bereits bestehenden Situation, also zum Beispiel „Ich bekomme in Job-Interviews immer genau das Gehalt, das ich möchte", oder „In meinem Freundeskreis folgen Alle mit Begeisterung meinen Ideen". Ihr Gehirn kann sich durch diese Formulierung ideal auf die neue Situation einstellen, ihm wird suggeriert, dass die Situation bereits Wirklichkeit geworden ist und Sie sich entsprechend verhalten und auftreten dürfen.

Legen Sie Ihre Notizen auf Ihren Nachttisch und lesen Sie sie in den nächsten Tagen immer morgens nach dem Aufwachen oder abends vor dem Schlafen gehen kurz durch. So verinnerlichen Sie mit der Zeit, wie Ihr Leben bald aussehen wird und gewinnen immer größere Orientierung und Sicherheit. Optimal wäre es, wenn Sie hin und wieder auch über Ihren Visionen meditieren, sie sich im Detail vorstellen und Ihr neues Leben visualisieren.

Negative Erwartungen ändern sich nicht über Nacht. Aber wenn Sie sich Ihre Visionen erlauben, genau ausmalen und sie sich regelmäßig ins Gedächtnis rufen, dann werden alte negative Überzeugungen, altes Mangeldenken, allmählich von den neuen Bildern verdrängt. Ihre neuen Überzeugungen werden sich in Ihren Gedanken festsetzen und Sie werden sogar bald feststellen, dass Sie sich beinahe automatisch so verhalten und in Situationen so auftreten und so entscheiden, dass Sie das Gewünschte auch durchsetzen bzw. sich nehmen – weil Sie Chancen und Möglichkeiten schneller erkennen werden und weil Sie sich dazu entschieden haben, sie sich zu erlauben und sie sich voll und ganz zu gönnen.

Schritt 5: Die Macht der inneren Stimme – So bauen sie mit ihrer Hilfe Ihr Selbstbewusstsein auf

Es gibt eine Instanz in uns, die unserem neu erlangten Selbstwertgefühl und unserem frisch aufgebauten Selbstvertrauen sehr gefährlich werden und beides innerhalb kürzester Zeit zerstören kann, wenn wir sie nicht regulieren, und der wir deshalb unbedingt unsere Aufmerksamkeit schenken sollten: Unsere innere Stimme.

Diese innere Stimme sitzt direkt in unserem Kopf und spricht unaufhörlich mit uns. Je nachdem, was sie uns sagt und in welchem Ton sie mit uns spricht, fühlen wir uns gut, gemocht und bestätigt, oder aber falsch, klein und unzulänglich. Sie kann uns Dinge sagen wie „Kannst Du nicht aufpassen!", „Du machst Dich lächerlich!", „Geht das nicht schneller?", „So schaffst Du das nie", „Warum solltest ausgerechnet DU mit so etwas Erfolg haben, das haben schon ganz andere versucht", „Warum sollte dieser Mann ausgerechnet DICH wollen?". Wir ziehen dann automatisch den Kopf ein, lassen die Schultern hängen und fühlen uns schlecht, minderwertig, unsicher oder angespannt, wenn wir solche Dinge hören.

Unsere innere Stimme kann aber auch ganz anders mit uns umgehen. Sie kann uns sagen „Du siehst fantastisch aus!" oder „Du bist genial!", sofort richten wir uns auf, fühlen uns stolz und bestätigt. Oder sie kann uns Dinge sagen wie „Eins nach dem Anderen", „Immer mit der Ruhe, lass Dich nicht unter Druck setzen" oder „Du hast alles richtig gemacht!" und wir fühlen uns beruhigt und in Ordnung.

Nach einer Trennung oder wenn wir Liebeskummer haben, ist die kritische Stimme in unserem Kopf meist besonders laut.

Und unsere innere Stimme ist mächtig, wir sollten sie nicht unterschätzen! Bereits ein einziger Satz von ihr hat einen Einfluss auf unser Lebensgefühl, unser Selbstwertgefühl und unser Selbstvertrauen.

Stellen Sie sich vor, was geschieht, wenn ein Mensch über Jahre hinweg ständig Sätze hört, die ihn nieder machen, antreiben oder in Frage stellen. Wie muss ein solcher Mensch sich fühlen? Und wie wird sich jemand fühlen, der über Jahre hinweg täglich Bestätigung, Bewunderung, Lob und Mitgefühl entgegengebracht bekommt?

Das Fatale ist: wir glauben irgendwann an das, was uns immer wieder gesagt wird und halten es dann für wahr. Wir beginnen, uns entsprechend zu verhalten und bekommen dadurch zu allem Überfluss auch von unserer Außenwelt entsprechende Reaktionen, die unser Selbstbild bestätigen. Und wir merken es oft nicht einmal.

So kann es passieren, dass ein kluger, fleißiger, sehr fähiger und begabter Mensch sich permanent unzulänglich fühlt und sich für seine mangelnde Leistung selbst heruntermacht, dass er sich zu immer neuen Leistungen und besseren Ergebnissen antreibt, um sich auch nur einigermaßen im Spiegel betrachten oder anderen selbstbewusst gegenüber treten zu können.

Ebenso kann es passieren, dass ein sehr attraktiver Mensch sich selbst durch den Einfluss seiner inneren Stimme höchst kritisch betrachtet, sich für kleinste Makel verurteilt, niedermacht oder gar hasst, dass er sich selbst geradezu verabscheut oder seinen Körper ablehnt, weil und solange er nicht vollkommen makellos ist.

Es ist sehr wichtig zu verstehen, dass wir das Bild, das wir (und später auch Andere) von uns selbst haben, selbst erschaffen - und dass wir es jederzeit neu erschaffen können. Das sollten wir daher sehr bewusst tun: unser gesamtes Lebensgefühl hängt davon ab.

Es ist aus diesem Grund ungemein wichtig, dass wir unsere innere Stimme nicht länger unseren Feind sein lassen. Wir müssen sie zu unserem Freund machen!

Zu einem sehr guten, wohlwollenden Freund, der uns kennt und mag, so wie wir sind, der uns unterstützt und bestätigt und der uns lieb hat, ohne dass wir etwas dafür tun müssen. Der seine Worte vorsichtig wählt, wenn er mit uns spricht und der uns schont. Der uns selbst Kritik ausschließlich liebevoll und konstruktiv nahebringt. Und uns damit nicht in Frage stellt. Der niemals auf die Idee kommen würde, uns für unsere Schwächen nieder zu machen. Genau so müssen wir mit uns selbst umgehen. Mit uns selbst sprechen. Jeden Tag, und jede Minute. Wir haben es verdient, ausgezeichnet und freundschaftlich behandelt zu werden.

Wie können Sie nun vorgehen, um das zu erreichen?

Achten Sie zunächst einmal einen ganzen Tag darauf, was Ihnen Ihre innere Stimme den Tag über für Dinge sagt – und achten Sie auch darauf, wie sie es sagt. Stellen Sie sich vor, mit einem anderen Menschen würde auf diese Art gesprochen. Sie werden dadurch einen guten Eindruck davon bekommen, wie Ihr Selbstbild aussehen muss.

Schreiben Sie diese Sätze auf. Erinnern sie Sie an bestimmte Stimmen aus Ihrer Vergangenheit? Falls ja, wem gehören diese Stimmen? Wer hat so mit Ihnen gesprochen? Vielleicht Ihre Eltern oder Geschwister oder vielleicht auch Menschen außerhalb Ihrer Familie? Vielleicht Ihre Klassenkameraden oder Lehrer? Wie haben Sie sich damals dabei gefühlt?

Machen Sie Notizen, auch wenn die Erinnerung ein bisschen schmerzt. Dinge werden uns klarer, wenn wir sie aufschreiben und niedergeschrieben vor uns sehen. Und um sich wirklich davon lösen zu können, ist es wichtig zu verstehen, unter welchem Einfluss Sie in der

Vergangenheit und insbesondere als Kind standen, von welchen Menschen dieser Einfluss ausging und was er mit Ihnen gemacht hat.

Erst wenn Ihnen bewusst geworden ist, wie man Sie damals behandelt hat, können Sie erkennen, dass es nicht Ihre Schuld ist – dass Sie nicht falsch sind - sondern dass andere Menschen vielleicht Fehler gemacht haben. Erst dann können Sie sich darin trainieren, diesen Stimmen nicht länger zuzuhören, ihnen keine Bedeutung mehr zu schenken - und sich stattdessen bewusst bestätigende und unterstützende Dinge zu sagen.

Beginnen Sie so mit sich zu sprechen, wie Sie mit einem sehr lieben Freund sprechen würden. Denken Sie dafür einmal an den liebevollsten und herzlichsten Menschen, den Sie je getroffen haben und wählen Sie seine oder ihre Stimme in Gedanken aus, um mit Ihnen zu sprechen. Die Dinge, die sie Ihnen sagt, bestimmen Sie selbst. Aber Sie können sich den Klang seiner oder ihrer Stimme ausleihen, um von der negativen Stimme in Ihrem Kopf Abstand zu gewinnen und sie abzulösen.

Tun Sie das in den nächsten Tagen täglich ganz bewusst (zum Beispiel immer morgens unter der Dusche und abends beim Zähneputzen, oder auch im Auto an jeder roten Ampel oder in der Schlange im Supermarkt). Ihre innere Stimme wird diese Gewohnheit irgendwann übernehmen und beginnen, automatisch so mit Ihnen umzugehen, ohne dass Sie sie bewusst steuern müssten.

Sie erziehen dadurch Ihre innere Stimme dazu, Sie gut zu behandeln und Ihnen eine treue Unterstützung zu sein, Ihnen Sicherheit und Bestätigung zu geben, anstatt Sie zu verunsichern. Ihr Selbstbewusstsein, aber auch Ihr gesamtes Lebensgefühl werden sich dadurch massiv zum Positiven verändern.

Schritt 6: Was SIE über sich denken, zählt!

Neben unserer inneren Stimme gibt es jedoch auch noch die Stimmen von außen in unserem aktuellen Umfeld, die uns sagen, ob wir etwas gut oder nicht so gut gemacht haben, ob wir den Ansprüchen genügen, ob wir erfolgreich, gut gekleidet oder fit genug, ob wir klug, gebildet oder reich genug sind.

Diese vielen kleinen, oft sogar unausgesprochenen Rückmeldungen unserer Mitmenschen auf das, was wir tun, können und was wir sind, haben ebenfalls Einfluss auf unser Selbstbild und damit auf unser Selbstvertrauen und unser Selbstwertgefühl, unseren Erfolg und unser Wohlbefinden. Und auch sie sind leider nicht immer positiv.

Wir können sie nicht ausschalten, wir können nicht aufhören, sie wahrzunehmen. Und wir können uns nicht immer von ihnen distanzieren. Wir dürfen sie nicht unterschätzen, besonders wenn wir über lange Zeiträume hinweg negative Reaktionen von unserem Umfeld bekommen. Steter Tropfen höhlt den Stein.

Was aber können wir tun?

Zunächst einmal sollten wir dafür sorgen, dass wir uns langfristig in einem Umfeld bewegen, in das wir passen und in dem wir grundsätzlich positiv gesehen werden. Das gilt sowohl für unser berufliches Umfeld als auch für unser privates. Wir sollten uns nicht länger als nötig mit Menschen umgeben, die uns nicht richtig finden, die uns gerne anders hätten und uns ständig schief ansehen. Das haben wir auch gar nicht nötig.

Dennoch wird es auch in dem passendsten Umfeld immer Menschen geben, die uns nicht mögen, uns nicht verstehen, die uns ändern oder gar schaden wollen. Und wir sollten unser Bestes tun, uns von solchen Stimmen ein

Stück weit unabhängig zu machen. Denn in dem Maß, in dem wir diese Urteile glauben, sehen wir immer weniger, wer und wie wir wirklich sind. Wir dürfen unser eigenes Bild von uns selbst nicht von anderen Menschen ankratzen oder verändern lassen.

Manchmal hat jemand in unserem Umfeld einfach einen schlechten Tag oder sich über etwas anderes geärgert und stört sich nur deshalb an etwas, das wir tun. Vielleicht ist er auch neidisch auf etwas, das wir tun, haben oder können und möchte uns deswegen ein schlechtes Gefühl geben, um ums auf sein Stimmungsniveau herunter zu ziehen oder uns unsere Errungenschaft „kaputt" zu machen.

Oder er hat vielleicht ganz einfach andere Werte als wir, findet andere Dinge wichtig als wir und stört sich deshalb an uns. Urteile werden schließlich immer aufgrund von Wertvorstellungen gefällt - entweder negativ, weil bestimmte Wertvorstellungen nicht erfüllt werden oder positiv, weil das der Fall ist. Wir dürfen und müssen jedoch nach unseren eigenen Werten und Idealen leben und nicht nach denen der Anderen. Sie sind für uns und unsere Zufriedenheit mit uns selbst vollkommen irrelevant.

Was wir also tun müssen, ist, unserem eigenen Urteil über uns selbst mehr zu glauben als dem der Anderen. Unserem eigenen Urteil zu vertrauen. Wir kennen uns selbst schließlich am besten.

Sobald wir eine negative Rückmeldung auf unsere Person erfahren oder spüren, sollten wir uns daran erinnern, dass sie nur der subjektiven Meinung eines Anderen über uns entspringt, dass sie aber mit uns und dem, wie gut oder schlecht wir wirklich sind, nur sehr wenig zu tun hat.

Wir müssen sein Urteil hinterfragen und überprüfen: Hat dieser Mensch überhaupt recht? Haben wir uns wirklich falsch verhalten? Haben wir jemandem geschadet? Falls nicht, müssen wir sie durch unser eigenes Urteil korrigieren. Wir müssen uns sagen: Er oder sie hat Unrecht. Er hat uns nicht verstanden. Er erkennt nicht, wer ich bin. Deshalb müssen mich seine Gedanken nicht interessieren. Ich bleibe bei meiner eigenen Einschätzung.

Die Meditation aus Schritt 1 ist dafür übrigens ein ausgezeichnetes Training. Je mehr Sie nämlich darin geübt sind, aufkommende Gedanken in Ihrem Bewusstsein von der weißen Fläche vor Ihrem inneren Auge wegzuschieben, um die Fläche weiter klar im Blick zu behalten, je mehr Sie also in der Lage sind, Ihren Fokus zu kontrollieren, umso schneller und müheloser werden Sie auch die falschen Urteile Anderer über Sie aus Ihrem Aufmerksamkeitsfeld wegschieben können, um die freie und klare Sicht auf Ihr eigenes Urteil zu behalten.

Sie entwickeln dabei eine geistige Resilienz (eine innere Widerstandskraft), die eine wichtige Grundlage dafür ist, Ihr Selbstvertrauen und Selbstwertgefühl dauerhaft stabil zu halten und gegen Widerstände und „Angriffe" zu verteidigen.

WOCHE 2

TUN SIE SICH GUTES – JETZT GEHT ES UM SIE!

In der zweiten Woche dieses Programms werden wir uns weiter nur um Sie kümmern! Nachdem Sie in Woche eins Ihr Bild von sich selbst in Bezug auf Ihr gesamtes Leben gestärkt und verbessert haben, möchte ich Sie in Woche zwei dazu einladen, sich ganz bewusst und aus vollem Herzen selbst zu verwöhnen! Es geht hier um gelebte Selbstliebe!

Ja, Sie haben richtig gelesen: Kümmern Sie sich auch jetzt noch nicht um Ihre vergangene Beziehung und Ihren Expartner (das kommt später), sondern erst einmal weiter nur um sich selbst!

In dieser Woche dürfen und sollten Sie sich nach Herzenslust verwöhnen!

Gönnen Sie sich alles, was Ihnen gut tut und Ihnen Freude macht! Alle diese Dinge heben Ihr Energielevel und was Ihnen Freude macht, schenkt Ihnen Kraft! Und genau darum geht es:

Dass Sie zurück in Ihre Kraft kommen!

Geben Sie in dieser Woche auch ruhig einmal etwas Geld für sich aus (wenn Sie mögen!) oder gönnen Sie sich einen freien Tag, in dem Sie sich von Morgens bis Abends verwöhnen!

Ich werde Ihnen im Folgenden ein paar Anregungen geben, wie Sie sich und alle Ihre 5 Sinne verwöhnen können. Lassen Sie sich einfach davon inspirieren und suchen Sie sich aus, was Ihnen Freude macht.

Natürlich können Sie sich aber auch ganz andere Dinge gönnen. Das sind nur Anregungen, die Ihre Kreativität anregen sollen. Ergänzen Sie die Vorschläge ruhig auch mit Sport oder anderen Aktivitäten, oder dem Anschauen von lustigen Filmen, die Sie zum Lachen bringen oder anderen Dingen... Je nachdem, was IHNEN Freude und Kraft schenkt!

Aber zwingen Sie sich bitte zu nichts. Tun Sie NUR Dinge, die Ihnen wirklich gut tun, Ihnen Freude machen und Ihnen Kraft schenken. Darum geht es bei gelebter Selbstliebe!

Erstellen Sie zu Beginn der Woche eine Liste mit allem, was Ihnen so richtig gut tut und Ihnen echten Genuss bringt. Diese Liste dient Ihnen als Inspiration und Sie können zum Beispiel jeden Tag in dieser Woche zwei ein „Verwöhnevent" in Ihren Alltag einbauen. Auch wenn diese Woche vorbei ist, empfehle ich Ihnen, sich weiterhin mindestens einmal pro Woche ein solches Verwohnevent zu gönnen. Damit signalisieren Sie sich auch langfristig, dass Sie es wert sind, verwöhnt zu werden und glücklich gemacht zu werden! Unabhängig von einer Beziehung. Und zwar von Ihnen selbst! ☺

Und hier kommen einige Inspirationen zum Verwöhnen Ihrer Sinne:

Für den Sehsinn kann das Sich-Verwöhnen ein Besuch in einem wunderschönen Kunstmuseum mit tollen Bildern oder das Betrachten anderer Kunst, aber auch ein Ausflug in eine richtig tolle Landschaft oder ein Abendessen in einem hoch oben gelegenen Restaurant mit fantastischem Ausblick sein.

Es kann der Kauf eines riesigen wunderschönen Blumenstraußes sein. Sie können sich aber auch ein schönes Dekorationsstück für Ihre Wohnung kaufen, ein neues Bild oder neue Vorhänge aufhängen, eben alles, was Ihren Augen Freude bereitet.

Um Ihren Geruchssinn zu verwöhnen, können Sie sich mit tollen Düften umgeben – Sie können ein besonderes Parfüm auftragen, in Ihrer Wohnung einen Raumduft verwenden oder duftende Kerzen (zum Beispiel mit echten ätherischen Ölen) aufstellen. Ein duftender

Blumenstrauß verwöhnt natürlich neben Ihren Augen auch Ihre Nase.

Alternativ könnten Sie ein duftendes Haaröl auftragen, Ihr Badezimmer in ein kleines Home SPA verwandeln und sich in einem herrlich duftenden Bad mit hochwertigen Ölen entspannen oder gleich einen Saunabesuch mit tollen Aufgüssen machen und noch vieles, vieles mehr.

Ihren Hörsinn können Sie natürlich wunderbar mit toller Musik verwöhnen, die Sie am besten einmal richtig laut aufdrehen und sie sich durch Mark und Bein gehen lassen – egal ob Sie dabei laut mit singen, tanzen oder einfach nur zuhören und sich davon innerlich bewegen lassen. Wenn Sie zuhause nicht laut Musik hören können, dann tun Sie es im Auto oder über Kopfhörer.

Musik kann sich – insbesondere wenn sie laut gehört wird –stark auf unsere Stimmung auswirken und sogar unsere Gesundheit verbessern. Verschiedene Kulturen verwenden Heilklänge, um einen positiven Einfluss auf die Gesundheit auszuüben oder gar Krankheiten zu heilen.

Ein ungewöhnliches aber wunderbares Erlebnis für Ihren Hörsinn ist auch ein Aufenthalt auf einer sogenannten Alfa-Liege (zum Beispiel im SPA-Bereich des Hotels Zugbrücke im Westerwald), bei dem durch bestimmte Klänge und Geräusche in Kombination mit einem leichten Schwingen der Liege 20 Minuten lang die Gehirnaktivität verlangsamt und in den Alfa-Wellenzustand versetzt wird. Das bewirkt nicht nur eine sehr tiefe, sehr weit nach innen wirkende Entspannung, sondern regt die Kreativität an und kann Menschen, die stark auf akustische Reize reagieren, in einen Zustand höchster Inspiration und Freude versetzen.

Für Ihren Geschmackssinn gibt es ebenfalls unzählige fantastische Verwöhn-Möglichkeiten. Probieren Sie neue exotische Gerichte in wirklich guten Restaurants, gönnen Sie sich einen sehr guten Wein und hochwertige Schokolade oder einen richtig guten Käse. Finden Sie das Cafe mit dem besten Kuchen in Ihrer Stadt, falls Sie es nicht schon kennen, und gönnen Sie sich hin und wieder ein Stück.

Falls Sie ein solches Cafe in der Nähe Ihrer Arbeitsstelle haben, holen Sie sich doch einfach ab und zu ein gutes Stück Kuchen ins Büro und verspeisen Sie es am Schreibtisch zum Nachmittagskaffee. Ihre Kollegen werden Augen machen.

Und natürlich können Sie sich auch ganz einfach einmal wieder Ihr Lieblingsgericht kochen oder es in einem Restaurant verspeisen.

Verwöhnen Sie sich selbst mit Qualität. Kaufen Sie feine Gewürze und probieren Sie auch einmal exotische Gewürze, Kräuter und Früchte aus. Wenn Sie gerne exotische Gerichte essen, dann suchen Sie dafür wirklich authentische Lokale (Bewertungen verschiedener Restaurants finden Sie im Internet).

Sie könnten sogar so verrückt sein, mit einem Freund oder einer Freundin für ein wirklich gutes Essen am Wochenende in eine andere Stadt zu fahren und dieses Geschmackserlebnis – wenn Sie ohnehin schon dort sind - mit anderen Highlights zu verbinden, die die Stadt zu bieten hat.

Ihre Haut, Ihr größtes Organ, können Sie ebenfalls mit einer Vielzahl an Erlebnissen verwöhnen. Ein Klassiker sind natürlich die verschiedensten Massagen oder auch andere Wellness-Anwendungen. Sehr intensiv wirkt, wenn richtig durchgeführt, ein ayurvedischer Stirn-Öl-Guss, bei dem durch das kontinuierliche Gießen eines warmen Ölstrahls über die Stirn eine tiefe Entspannung des Körpers und eine Beruhigung und Inspiration des Geistes herbeigeführt wird.

Diese Anwendung beruhigt die Gedanken und Menschen die viel nachdenken oder sich häufig Sorgen machen, werden innerlich deutlich ruhiger. Eine solche Behandlung sollte man besser nicht für teures Geld in einem Wellnesshotel, sondern stattdessen in einer Ayurveda-Klinik ausprobieren, wo man eine authentische Behandlung bekommt.

Ebenfalls sehr wohltuend ist für die meisten Menschen eine längere Kopfmassage. Sie können natürlich auch Ihre Füße bei einer Pediküre mit Massage verwöhnen lassen oder ganz bewusst einmal wieder natürliche Dinge wie echte Wolle, einen glatten Stein in der Sonne, weiches Moos oder das Fell eines Tieres berühren oder auf einem Bauernhof Tiere streicheln.

WOCHE 3

SCHAFFEN SIE SICH EIN SCHÖNES NEUES LEBEN (ALS SINGLE?)

In der dritten Woche werden wir einen Schritt weiter gehen. Wir haben uns bisher um Ihre innere Stärke, Ihr Selbstbild und Ihr Selbstwertgefühl gekümmert. Nun wollen wir uns mit Ihrem äußeren Leben und Ihrem Alltag befassen.

Vielleicht sind Sie nach Ihrer Trennung in eine neue Wohnung, vielleicht sogar in eine neue Stadt gezogen. Aber auch wenn nicht, dann hat sich Ihr Alltag doch verändert, seit Sie nicht mehr in einer Beziehung sind.

Und diese Gelegenheit sollten Sie nutzen!

Ich möchte Sie dazu ermutigen, diese Situation des Neubeginns ganz bewusst dazu zu nutzen, um Ihr Leben, Ihre Prioritäten, Ihren Alltag und Ihren Lebensstil einmal zu überprüfen und ihn vielleicht an der einen oder anderen Stelle für Sie selbst zu verbessern.

Das hat gar nichts mit einer Partnerschaft zu tun, weder mit Ihrer alten, noch mit Ihrer nächsten Partnerschaft, sondern nur mit Ihnen, Ihren Werten und Ihrem Glück – das Sie unbedingt unabhängig von einer Partnerschaft leben und finden sollten, um nicht von einem Partner abhängig zu sein!

Ich möchte Sie dazu einladen, die Gelegenheit IHRES Neubeginns dazu zu nutzen, sich ein Leben und einen Alltag zu erschaffen, der ganz und gar zu IHNEN passt und IHNEN gut tut. Ein echtes Wohlfühlleben sozusagen! Denn das haben Sie mehr als verdient!

Nehmen Sie Ihr Leben und Ihren Alltag jetzt selbst in die Hand!

Sie werden dadurch nicht nur auf der Stelle glücklicher und haben die Gelegenheit, Ihre wertvollen Lebensjahre selbst zu gestalten und Sie auf Ihre ganz persönlichen Werte hin zu prüfen und anzupassen. Sondern Sie werden auch in der Zukunft stark, unabhängig und emotional frei sein, denn Sie sind bereits glücklich und müssen nicht mehr erst auf einen Partner warten – und zwar vollkommen unabhängig davon, ob Sie sich nach diesem Programm dazu entscheiden, sich nun erst einmal ein oder zwei Jahre als Single zu gönnen, oder ob Sie sich nach dem Ende der 30 Tage wieder einen neuen Partner suchen (denn dann werden Sie dazu bereit sein – wenn Sie es möchten!)

Nutzen Sie diese Woche die folgenden Tips, um Ihr gesamtes Leben und Ihren Alltag einmal gründlich zu prüfen und suchen Sie sich die Dinge heraus, die Ihnen jetzt gerade wertvoll erscheinen und Ihnen gut tun und integrieren Sie sie in Ihr Leben.

Tip Nr. 1: Leben Sie im Einklang mit Ihren Werten

Um wirklich zufrieden zu sein und uns rundum wohl zu fühlen, müssen wir unser Leben im Einklang mit unseren Werten leben.

Natürlich müssen wir dafür zunächst einmal genau wissen oder uns bewusst machen, was für uns im Leben wirklich wichtig ist und unsere Entscheidungen so treffen, dass wir diese Dinge in unser Leben bringen. Wir müssen den Dingen und Menschen, die für uns zählen, einen wichtigen Platz einräumen, auch wenn wir dafür vielleicht auf etwas anderes verzichten müssen.

Wenn wir das nicht tun, können wir uns noch so sehr verwöhnen - wir werden uns trotzdem nie von innen heraus wohl fühlen, nie wirklich anhaltend zufrieden und glücklich sein können, denn in ruhigen Momenten werden wir spüren, dass etwas für uns nicht stimmt oder in die falsche Richtung läuft.

Wir alle tendieren dazu, uns bei der Gestaltung unseres Lebens von Trends oder gesellschaftlichen Konventionen mitreißen zu lassen und unsere beruflichen und privaten Prioritäten so zu setzen, wie es der Zeitgeist vorgibt - oft ohne überhaupt darüber nachzudenken, ob uns etwas anderes womöglich wichtiger wäre oder uns mehr entsprechen würde.

Wir haben damit häufig auch Erfolg, befinden uns sogar mitunter auf der Überholspur und werden von anderen gefeiert und respektiert, obwohl wir uns in eine für uns gar nicht passende Richtung bewegen. Was für den einen eine tolle Sache ist, kann für einen anderen ganz einfach falsch sein und ihm nicht gut tun, da es schlichtweg nicht zu ihm passt.

Es lohnt sich in jedem Fall, sich das eigene Leben und die wichtigsten Lebensbereiche darin einmal näher anzuschauen. Sind die Lebensbereiche, in die Sie am meisten Zeit und Energie investieren, Ihnen alle wirklich wichtig? Und falls ja, sind sie so gestaltet, wie Sie es sich wünschen?

Wenn das so ist, dann ist das wunderbar! Falls nicht, sollten Sie sich darüber klar werden, was IHNEN wichtig ist. Nehmen Sie sich ein oder zwei Stunden Zeit, entspannen Sie sich und denken Sie einmal in Ruhe darüber nach.

Vielleicht wünschen Sie sich mehr Zeit für Familie, Freunde und Hobbies und weniger Arbeit, vielleicht haben Sie sich für ein Haus verschuldet, das Ihnen, wenn Sie ehrlich sind, eher eine Last als eine Freude ist und vielleicht möchten Sie auch endlich eine große Karriere starten, obwohl Ihre Ausgangsbedingungen dafür nicht ideal sind und Sie es daher bisher nie in Erwägung gezogen haben.

Vielleicht möchten Sie sich auch von den vielen Dingen, die Sie besitzen, trennen und auf das Wesentliche konzentriert in einer kleinen Wohnung leben oder für einige Jahre durch die Welt reisen. Vielleicht möchten Sie heiraten und viele Kinder bekommen, obwohl Sie sich dafür materiell einschränken müssten.

Es gibt immer Gründe dafür, dass wir etwas nicht tun oder nicht haben, was wir möchten. Oft liegt es daran, dass wir GLAUBEN, es nicht bekommen zu können (also an unserem Mangel an SelbstVERTRAUEN). Und manchmal liegt es daran, dass wir dafür einen Preis bezahlen müssten, den wir nicht bezahlen wollen.

Das steht nicht im Widerspruch zu meiner Einladung in Woche 1, dass Sie sich Glück erlauben und viele schöne Dinge gleichzeitig gönnen dürfen und sollten! Denn der Preis für manche Dinge wird auf emotionaler Ebene bezahlt und muss andere schöne Dinge, die wir in unserem Leben verwirklichen, nicht verhindern oder ausschließen.

Manchmal müssen wir jedoch tatsächlich auf andere Dinge verzichten, um etwas zu bekommen, wir müssen mitunter dafür Status,

Ansehen oder die Akzeptanz bestimmter Menschen aufgeben oder auch viel Zeit und Energie investieren und uns darum bemühen. Und wir müssen dafür Risiken eingehen.

Wir sollten es aber dennoch tun!

Wir sollten uns klar machen, was der Preis ist für das, was wir uns wünschen. Und wir sollten uns bewusst dafür entscheiden, diesen Preis zu bezahlen, wenn es uns wichtig ist. Wir sollten große Entscheidungen stets so treffen, dass sie unseren eigenen Werten und unserem individuellen Lebenskonzept entsprechen und uns – auch wenn wir dafür einen Preis bezahlen – langfristig dorthin führen, wo wir glücklich sind und wo unser Leben für uns Sinn macht.

Nachdem Sie diese Wahl getroffen haben, sollten Sie sich ein Umfeld suchen, das Ihre Entscheidungen und Ihre Art zu leben wertschätzt, unterstützt und bestätigt. Das ist ungemein wichtig. Wir alle tun im Laufe unseres

Lebens viele Dinge, um von Anderen angesehen, akzeptiert oder respektiert zu werden und um dazu zu gehören – selbst dann, wenn sie uns nicht gut tun. Dessen sind wir uns mitunter gar nicht bewusst. Denn wir alle brauchen Wertschätzung und Zugehörigkeit zu Anderen.

Es ist eine Illusion zu glauben, man sei so unabhängig, dass man langfristig in einem Umfeld leben könne, das einem überwiegend Unverständnis oder gar Ablehnung entgegenbringt und das einem signalisiert, dass man „falsch" lebe oder im Leben falsche Entscheidungen getroffen habe.

Falls Sie sich also dazu entschließen sollten, einige größere Bereiche in Ihrem Leben neu zu ordnen, bestimmte Dinge aufzugeben oder neue anzunehmen und Ihr Umfeld das nicht gut heißt, dann investieren Sie in den Aufbau oder die Stärkung eines neuen Umfeldes, das Ihre Entscheidungen im Großen und Ganzen gut findet. Das kostet Mühe und geht nicht von heute auf morgen aber es ist unerlässlich, damit Sie auch langfristig zu Ihren Entscheidungen und Ihrem Lebenskonzept stehen und sich damit wohlfühlen können.

Sobald die grobe Richtung in Ihrem Leben für Sie stimmt und zu Ihnen passt und Sie wissen, wo Sie langfristig in Ihrem Leben hin möchten, wird sich eine innere Ruhe und Zufriedenheit in Ihnen einstellen. Nun können Sie damit beginnen, Ihren Alltag, also Ihre LebensZEIT, so zu gestalten, dass er Ihnen gut tut und Sie sich darin wohl fühlen.

Wie, erfahren Sie im nächsten Tip.

Tip Nr. 2: Schaffen Sie sich einen Alltag, der Ihnen gut tut

Wir tun täglich unzählige Dinge aus reiner Pflichterfüllung, weil wir eben „müssen" und nicht, weil sie uns in dem Moment gut tun. Das ist zwar manchmal notwendig und lässt sich nicht immer vermeiden, es geht jedoch mitunter so weit, dass wir während der Woche hauptsächlich auf das Wochenende hin leben und wir von einem Urlaub bis zum nächsten unsere Pflichten erfüllen, dass wir den Großteil unserer Lebenszeit darauf warten, endlich wieder einmal Zeit für die Dinge zu haben die uns wirklich Spaß machen und uns gut tun.

Selbst wenn wir uns ein oder zweimal pro Woche einen Abend im SPA, eine Massage , einen schönen Abend mit Freunden oder eine interessante Unternehmung gönnen, so ist doch häufig die Zeit zwischen diesen Unternehmungen eine Zeit, die wir nur wenig genießen. Wir sollten es uns jedoch in unserem Alltag - der eigentlichen Zeit unseres Lebens - unbedingt angenehm und darüber hinaus auch ruhig so richtig schön machen, um dauerhaft zufrieden und glücklich zu sein.

Dafür können wir uns zunächst einmal überlegen, welcher Tag-Nacht-Rhythmus uns persönlich am ehesten entspricht – und unseren Alltag danach ausrichten!

Wie viele Menschen lassen sich täglich morgens von ihrem Wecker aus dem Tiefschlaf reißen und quälen sich verschlafen aus dem Bett, um bis 8 Uhr (oder auch früher) im Büro zu sein, obwohl sie eigentlich Nachtmenschen sind, die vor 10 Uhr kaum einen klaren Gedanken fassen können, und müssen abends, wenn sie am konzentriertesten und am produktivsten wären, früh schlafen gehen, um morgens aus dem Bett zu kommen.

Und wie viele andere Menschen bleiben morgens hellwach im Bett liegen, weil man im

Büro nun mal nicht vor 7:00 Uhr auftaucht und quälen sich abends mit viel Kaffee durch die späten Meetings, obwohl sie nach 17 Uhr einfach nicht mehr konzentriert sind.

Nach dem eigenen Tag-Nacht-Rhythmus zu leben ist ungeheuer wichtig für unser Wohlbefinden und wir sollten es uns gönnen, dann zu schlafen und dann Leistung zu erbringen, wann es für UNS gut ist. In vielen Firmen gibt es heute flexible Arbeitszeiten, oder wir finden eine Möglichkeit, mit unserem Vorgesetzten zu sprechen und uns andere Arbeitszeiten zu erbitten.

Wenn all das nicht möglich ist, sollten wir einen Jobwechsel in Erwägung ziehen, um in unserem Leben geistig und körperlich dann aktiv sein zu können, wenn wir wach sind und dann ruhen zu können, wenn wir müde sind. Auf lange Sicht werden unser Körper und unser Wohlbefinden es uns danken.

Als Nächstes sollten wir uns mit dem Gedanken befassen, ob wir uns in einem eher hoch getakteten oder in einem ruhigen, langsamen und beschaulichen Alltag wohl fühlen. Häufig variiert das Tempo, das uns gut tut, von Lebensphase zu Lebensphase und was für Sie vor einigen Jahren noch galt, kann heute nicht mehr passend sein.

Es kann gut tun, sich nach sehr stressigen oder belastenden Lebensphasen bewusst für ein oder zwei Jahre einen ruhigen Alltag und etwas Langsamkeit zu gönnen, weniger zu tun, sich regelmäßig Rückzug und Zeit für sich selbst zu geben und zur Ruhe zu kommen.

Und es kann wunderbar belebend für uns sein, uns insbesondere in Umbruchphasen in denen wir freiwillig oder unfreiwillig vor einem Neustart stehen, auf einen Prozess von Veränderung und Entwicklung, auf Risiko und Unbekanntes, Aufbau und Fortkommen, Leistung und Erfolg, Überdurchschnittlichkeit und Glanzleistungen einzulassen. Auch das müssen wir nicht unser ganzes Leben lang tun, sondern nur genauso lang, wie es uns gut tut.

Wir sollten unseren Alltag so strukturieren, dass wir das Tempo leben können, das uns im Moment gut tut:

Wir müssen darauf achten, dass wir keine Kräfte um uns herum haben, die uns hemmen, wenn wir uns in einer Aufbruchphase befinden und dass wir keine Kräfte um uns herum haben, die uns unter Druck setzen oder zu Leistung und Geschwindigkeit antreiben, wenn wir uns in einer Phase des Zur-Ruhe-Kommens befinden.

Richten Sie Ihre Lebenssituation und selbst Ihren Job darauf aus — auch wenn dafür ein paar „radikale" Schritte notwendig sein sollten. Zum Beispiel könnten Sie in Ruhephasen Ihre Arbeitszeiten reduzieren oder einen neuen Teilzeitjob ausüben (eine 80 Prozentstelle bringt Ihnen nur wenige Gehaltseinbußen nach Steuern, aber einen zusätzlichen freien

Tag pro Woche) oder sich ein Sabbatjahr oder ein paar Monate unbezahlten Urlaub gönnen, auch wenn Sie dafür Ihren Lebensstandard verringern und vielleicht Ihre Wohnung untervermieten und in ein kleines Apartment umziehen müssen.

In Aufbruchphasen könnten Sie vielleicht eine neue berufliche Herausforderung, einen nächsten Karriereschritt, eine Umschulung oder den Schritt in die Selbständigkeit wagen. Größere Veränderungen können wir am besten in solchen Phasen vornehmen.

Manchmal sehnen wir uns sowohl nach Ruhe, als auch nach Veränderung in unserem Alltag, zum Beispiel nach einem Burnout oder einem schweren Schicksalsschlag. Falls es Ihnen auch so geht, könnten Sie zunächst einige Monate gezielt einen Gang zurück schalten und zur Ruhe kommen um Kraft zu sammeln und anschließend in eine Phase der Veränderung und des Neubeginns – beruflich oder auch privat – aufbrechen.

Sie sollten Ihr Umfeld darüber informieren, welches Tempo Sie im Moment in Ihrem Leben brauchen und den Menschen in Ihrem Leben erklären warum das so ist und welchen Vorteil es Ihnen und Anderen bringt. In jedem Fall sollten Sie dafür sorgen, dass Ihr Umfeld Ihre Lebensweise unterstützt und Sie versteht.

Wenn wir uns für den Tag-Nacht-Rhythmus und das Tempo in unserem Alltag entschieden haben, die uns im Moment gut tun, dann können wir damit beginnen, uns zusätzlich Angenehmes, Wohltuendes und Freudespendendes in unseren Alltag zu holen.

Das können wir wunderbar dadurch tun, dass wir uns angewöhnen, das Angenehme stets mit dem Nützlichen im Alltag zu verbinden – und umgekehrt.

Dafür benötigen Sie etwas Kreativität, aber wenn Sie es sich erst einmal zur Gewohnheit gemacht haben, unangenehme Dinge mit angenehmen zu verbinden, werden Sie einen riesigen Unterschied in Ihrer Lebensqualität feststellen.

Denken Sie einmal an all die Dinge, die Sie tagtäglich tun und die Ihnen nicht wirklich viel Freude bereiten. Und dann überlegen Sie sich, wie Sie sie zu einem angenehmen Erlebnis machen können. Ihre Autofahrten zur Arbeit könnten Sie sich zum Beispiel mit einem spannenden Roman, einer lustigen Komödie oder einem inspirierenden Vortrag in Form eines Hörbuchs interessanter machen um sich je nach Bedarf während der Fahrt zu unterhalten, zu erden, zum Lachen zu bringen oder zu inspirieren.

Wenn Sie im Büro lange Überstunden machen müssen, lassen Sie sich doch Ihr Leibgericht von Ihrem Lieblingslokal einfach abends in die Firma kommen und essen Sie es zwischendurch zur Stärkung und als Gaumenschmaus anstatt ausgehungert und ausgelaugt am späten Abend nach Hause zu fahren und sich dann noch etwas kochen zu müssen.

Auf Ihrer nächsten Geschäftsreise könnten Sie am Abend das neue Gourmet-Restaurant der Stadt testen, anstatt den Abend in Ihrem Hotelzimmer vor dem Fernseher zu verbringen. Während Sie Hausarbeit erledigen, Wäsche bügeln, sich die Haare frisieren oder eine Mahlzeit zubereiten können Sie sich über Ihr Notebook, IPad oder einfach über Ihr Smart Phone mit dem Internet verbinden und Ihre Lieblings-Musik anhören oder auch Ihre Fremdsprachenkenntnisse auffrischen, indem Sie sich fremdsprachige Interviews mit interessanten Menschen anhören, die Sie inspirieren.

Im Büro könnten Sie sich nach dem Mittagessen täglich eine Viertelstunde Zeit nehmen und mit Ihrer besten Freundin per E-Mail die neuesten Neuigkeiten auszutauschen. Und Ihren Morgen können Sie sich mit einem schönen Ritual versüßen, zum Beispiel mit einem frisch gepressten Orangensaft, einer 10 Minuten Meditation oder einer schönen halben Stunde nur für sich mit frischem Kaffee und Ihrem Lieblingsbuch.

Fast jede alltägliche Situation lässt sich auf diese und ähnliche Weise irgendwie verschönern. Werden Sie kreativ und beginnen Sie, jeden Moment in Ihrem Alltag zu einem schönen Moment zu machen und so Tage zu gewinnen, auf die Sie sich wieder freuen können.

Um schöne Momente auch aus vollen Zügen genießen zu können, sollten Sie in den verschiedenen Bereichen Ihres Lebens etwas Platz schaffen und sich von allem befreien was Sie eher belastet als erfreut. Wie, erfahren Sie im folgenden Kapitel.

Tip Nr. 3: Entrümpeln Sie Ihren Besitz und Ihr Leben

Wir besitzen im Durchschnitt 10.000 Dinge! Jeder von uns. Und von all diesen vielen Dingen brauchen wir nur die allerwenigsten wirklich. Ein paar andere dieser Dinge schenken uns regelmäßig Genuss oder Komfort und erhöhen dadurch unsere Lebensqualität, wie etwa ein schönes Bild an der Wand oder ein praktisches Haushaltsgerät oder Werkzeug.

Aber die allermeisten Dinge, die wir besitzen, nutzen uns nicht nur (fast) nichts - zum Beispiel die Camping Ausrüstung, die wir in den letzten 12 Jahren nur 2 Mal benutzt haben und die wir uns auch einfach hätten ausleihen können- sondern wir wissen auch meist nicht einmal mehr, dass wir sie besitzen!

Das klingt unglaublich, aber Hand aufs Herz: Könnten Sie jeden einzelnen Gegenstand (auch den allerkleinsten) aufzählen, der sich in jeder Ihrer Schubladen, in jedem Karton in Ihrem Keller oder auch in Ihrem Kleiderschrank befindet? Ich gehe jede Wette ein, dass Sie es nicht können.

Diese vielen Dinge, die wir nicht brauchen und die uns auch keine Lebensqualität schenken, sind jedoch nicht nur unnützer Besitz, sie belasten auch unseren Alltag, nehmen Raum und Zeit (für Pflege, Wartung etc.) in unserem Leben ein und vor allem nehmen Sie uns Klarheit, Entspannung, Konzentration und den Blick auf das Wesentliche.

Kurz: Sie sind eine Belastung für uns und wir tun besser daran, uns von ihnen zu trennen. Aber keine Sorge, Sie müssen sich jetzt nicht 4 Wochen Urlaub nehmen, und durch alle Ihre 10.000 Gegenstände gehen, um auszumisten. Sie müssen sich auch nicht von ALLEM trennen, das Ihnen nichts nutzt. Nur einen Teil davon auszumisten, kann bereits sehr befreiend sein. Nehmen Sie sich dabei immer nur einen kleinen Bereich vor und das dafür regelmäßig - am besten mit regelmäßigen „Entrümpelungsritualen":

Der Beginn einer neuen Jahreszeit bietet sich wunderbar dafür an, den Kleiderschrank auszumisten und sich von der Wohnungsdekoration der vergangenen Saison zu verabschieden. Ideal ist es, sich anzugewöhnen, zweimal in Jahr eine große Ausräumaktion in der Wohnung vorzunehmen, um sich von den im Laufe der Wochen und Monate schleichend angesammelten kleinen und großen Dinge zu befreien, die man nicht braucht und die auch keine wirkliche Lebensqualität schenken.

Sie sollten dabei an alle Bereiche in Ihrem Haus oder Ihrer Wohnung denken: den Kleiderschrank, den Schreibtisch, diverse Kommodenschubläden, die Küche sowie auch Keller und Dachboden. Wenn Sie sehr viele Dinge besitzen, oder keinen ganzen Entrümpelungstag einlegen wollen, nehmen Sie sich einfach so lange jeden Samstag 2 Stunden Zeit zum

Ausmisten, bis Sie durch alle Bereiche durch sind.

Räumen Sie die Dinge nicht einfach nur aus dem Weg oder verstauen sie im Keller, sondern trennen Sie sich auch wirklich dauerhaft von Vielem. Verkaufen oder verschenken Sie Dinge, die Sie kaum (noch) nutzten oder werfen Sie sie weg.

Sie könnten sich vornehmen, eine gewisse Menge an Dingen loszuwerden, zum Beispiel eine große Umzugskiste voller Sachen pro Halbjahr aus dem Keller zu entsorgen oder 15 Teile aus Ihrem Kleiderschrank pro Halbjahr zu verschenken, und dann die Dinge dafür auswählen, die Ihnen am wenigsten bedeuten.

Wenn wir nicht regelmäßig entrümpeln, häufen wir, ohne es zu merken, in unserem Leben immer mehr Besitz an, da wir doch ständig kleine Dinge kaufen oder geschenkt bekommen, die einen Platz in unserer Wohnung benötigen. Je regelmäßiger wir also solche Entrümpelungstage einlegen, desto weniger gibt es auszusortieren und desto mehr verlieren solche Tage ihren Schrecken.

Zudem bekommen Sie einen besseren Überblick über die Dinge die Sie besitzen, und Sie finden Dinge schneller, wenn Sie sie suchen.

Sie könnten die Dinge in Ihrem Keller übersichtlich in unterschiedlich großen, beschrifteten Boxen in einem deckenhohen Wandregal verstauen und haben so alles, vom Werkzeugkasten bis zur Weihnachtsdekoration jederzeit griffbereit. Genauso können Sie die Dinge in Ihren Kommodenschubläden in kleinen offenen Boxen oder Fächern nach Themen sortiert lagern und in jedem Fach nur die Dinge aufbewahren, die Sie regelmäßig benutzen.

Was nur sehr selten benutzt wird, kann in einer Kiste in der Abstellkammer oder im Keller gelagert werden, aber so, dass Sie jederzeit mit einem Griff heran kommen. Dinge die wir nur wirklich selten oder eventuell gar nicht mehr benötigen, müssen wir nicht auf Lager halten sondern können sie uns, sollten wir sie doch einmal brauchen, von Freuden oder Kollegen ausleihen. Wir müssen nicht alles selbst besitzen. Und wenn wir etwas zu schade finden um es weg zu werfen, dann geben wir es einfach jemandem, der sich mehr darüber freut als wir - und schon haben alle gewonnen.

Ihr Leben zu entschlacken bedeutet aber nicht nur, Ihre Besitztümer auszumisten, sondern auch, Ihre Aktivitäten zu reduzieren, und zwar diejenigen, die Ihnen keine echte Freude (mehr) bereiten. So schaffen Sie Raum für Entspannung und Zeit für das, was Sie wirklich gern tun.

Hausarbeiten oder auch andere ungeliebte Pflichten können Sie bereits für wenig Geld delegieren. Sie können Ihre Wohnung reinigen und Ihre Wäsche waschen und bügeln lassen, können sich Ihre Einkäufe nach Hause liefern lassen, Gartenarbeiten abgeben und selbst

Papierkram von einem Assistenten erledigen lassen. Ein praktisches Portal, um verschiedenste Arbeiten ganz einfach und flexibel für kleines Geld abzugeben, ist zum Beispiel das Portal www.machdudas.de

Sie werden feststellen, dass es jedoch bereits dadurch schon deutlich weniger zu erledigen gibt, dass Sie weniger besitzen und dass Sie Ihren Besitz übersichtlich und gut sortiert aufbewahren.

Tip Nr. 4: Entschleunigen Sie Ihr Leben und finden Sie zur Ruhe und zu sich selbst

Hin und wieder tut es uns gut, unser Leben ganz bewusst für einen bestimmten Zeitraum zu entschleunigen. Auch und ganz besonders dann, wenn wir uns im Leben für einen hoch getakteten Alltag entschieden haben. Insbesondere dann, wenn wir viel um die Ohren oder wenig geschlafen haben, wenn wir merken dass wir in Gefahr oder bereits dabei sind krank zu werden oder wenn wir das Gefühl haben, dass uns alles für den Moment zu viel wird, sollten wir unseren Alltag entschleunigen.

Unser Körper und auch unser Geist sind dankbar für Momente von Ruhe und Stillstand, in denen einmal nichts (oder kaum etwas) Neues auf uns zukommt, das aufgenommen und verarbeitet werden muss.

Wir können in diesen Minuten und Stunden wieder zu uns finden, uns erholen und regenerieren, wir können uns wieder fühlen, unsere Konzentration und unseren Fokus wiederfinden und schärfen.

Wenn wir sehr bewusst entschleunigen und vorübergehend bei allem was wir tun in ein Zeitlupentempo wechseln, wenn wir ein paar Gänge zurück schalten, beginnen wir nach einiger Zeit oft sogar unseren Körper und seine Energie und Aktivität in Form von einem Schwingen oder Kribbeln zu spüren.

Wir beginnen dann, Dinge in unserem Körper wahrzunehmen, die im normalen Alltag nicht in unser Bewusstsein vordringen, spüren dann plötzlich, dass ein bestimmtes Körperteil vielleicht überlastet, entzündet oder sonst wie beeinträchtigt ist, auch wenn die Signale (noch) so fein sind, dass wir sie im hektischen Alltag nicht wahrnehmen. Wir merken dann vielleicht, wie müde und angespannt wir sind oder dass wir einen Drang nach Bewegung und frischer Luft haben. Oder auch einfach, dass wir Durst haben nach gutem, frischem Wasser.

Aber auch unser Geist schärft sich dadurch. Wir beginnen bei regelmäßiger Praxis mit unserer Aufmerksamkeit und unserer Perspektive in uns selbst zurück zu kehren und die Dinge wieder von innen heraus zu sehen wie ein Kind.

Wir können dadurch Manches plötzlich klar erkennen, über das wir zuvor viel gegrübelt und doch keine Antwort gefunden haben – und zwar einfach deshalb, weil sich unsere Perspektive ändert. Wir beobachten, sehen und bewerten die Dinge dann ohne besondere Anstrengung aus uns selbst, also von innen heraus und unter dem Aspekt was sie für uns bedeuten.

Wenn wir alles wirklich langsam tun, haben wir außerdem die Möglichkeit, auch alles tatsächlich wahrzunehmen was wir tun. Das ist in einem sehr hoch getakteten Alltag kaum mehr möglich.

Nicht zuletzt werden auch unsere Gedanken, die mitunter rasend schnell im Kopf durcheinander springen oder sich im Kreis drehen, durch das langsamere Tempo ruhiger und langsamer. Das kann unseren Geist auf eine Art und Weise entspannen, die wir, und ganz besonders die Grübler unter uns, zuvor noch nie erlebt haben.

Probieren Sie es einfach einmal aus: Schalten Sie entweder regelmäßig oder in Momenten, in denen Sie spüren dass es Ihnen gut tut, in einen „Entschleunigungsmodus".

Zwingen Sie sich geradezu in dieser Zeit, ALLES was Sie tun - selbst das Aufstehen vom Stuhl oder das Greifen nach einer Tasse - in einem Zeitlupentempo zu verrichten und auch in diesem Tempo zu bleiben. Achten Sie darauf, dass Sie nicht nach einigen Minuten oder

Sekunden automatisch wieder in Ihren gewohnten schnelleren Gang zurück schalten.

Für die meisten Menschen ist das vollkommen ungewohnt und anfangs schwer auszuhalten, widerspricht es doch vollkommen unserem Effizienz- und Leistungsgedanken, die Dinge stets möglichst schnell abzuarbeiten.

Sie können sich auch hinsetzen und einfach einmal nichts tun, atmen und Ihren Körper spüren. Ganz entspannt, ohne Anstrengung, dort etwas wahrnehmen zu wollen. Will Ihr Körper Ihnen etwas zeigen oder Sie vielleicht auf etwas aufmerksam machen? Seien Sie offen für die Antwort. Sie werden nach einiger Zeit beginnen, bestimmte Körperstellen stärker oder anders als sonst zu spüren.

Tip Nr. 5: Sie sind wichtig! Wie Sie mit der richtigen Einstellung stressfrei und glücklich leben

Genauso, wie ein gelassenes, stressfreies Leben unser Wohlbefinden und unsere Zufriedenheit massiv erhöhen, so wirkt sich umgekehrt auch ein Leben, in dem wir darauf achten, uns Gutes zu tun, positiv auf unser Stresslevel aus. Wir können mit der richtigen inneren Einstellung sehr viel stressfreier leben und geraten dabei in einen Positivkreislauf aus Wohlbefinden, weniger Stress, mehr Wohlbefinden und noch weniger Stress.

Wenn wir uns selbst und unser Wohlergehen als das Wichtigste betrachten, das wir haben, wenn wir es wichtiger nehmen als alles andere, dann achten wir ganz selbstverständlich darauf, uns keinem Stress im ungesunden Maße auszusetzen, sondern spüren unsere Grenzen und respektieren sie.

Aber das tun wir leider selten. Wir haben gelernt, es sei egoistisch, uns als wichtiger anzusehen als Andere. Was wäre das für eine Welt, in der jeder nur auf sich achtet, fragen wir uns. Eine Welt ohne Rücksichtnahme und gegenseitige Unterstützung, eine Welt voller Egoisten? Und eine schöne Partnerschaft hätte in einer solchen Welt ebenfalls niemand mehr, denn Liebe und Egoismus schließen sich natürlich aus, denken wir.

Abers stimmt das so überhaupt? Ist es nicht vielmehr so, dass jeder Mensch – und daher eben auch wir selbst – so leben sollte, dass es ihm gut geht, dass er Leistung bringen sollte, aber nur in einem Maß, das für ihn gesund ist? Dass er auf sich achten und sich gut um sich kümmern sollte und daran nichts verwerflich ist?

Jedem anderen Menschen gestehen wir dieses Recht zu – warum also nehmen wir uns selbst dort aus?

Natürlich sind wir nicht allgemein wichtiger als andere Menschen, aber FÜR UNS SELBST sind wir der wichtigste Mensch auf der Welt und das dürfen wir auch sein. Wir sind verantwortlich für unser Wohlbefinden und für den Schutz unserer Gesundheit – selbst jedes Tier hat einen solchen Selbstschutzinstinkt.

Wir sind deshalb für uns so wichtig, weil wir es sind, die die Verantwortung für uns tragen. Zudem können wir uns auch nur dann wirklich gut um Andere kümmern und Anderen etwas geben, wenn es uns selbst gut geht.

Es ist unerlässlich, dass Sie sich immer wieder selbst daran erinnern, dass Sie für sich der wichtigste Mensch auf der Welt sind. Dass Sie sich gut um sich kümmern und für sich sorgen müssen. Dass Sie auf sich achten und sich selbst Respekt entgegen bringen sollten. Dass Sie dafür sorgen müssen, dass es Ihnen gut geht. Dass Sie es verdienen, dass es Ihnen gut geht und dass Sie gesund sind. Dass Sie sich wohl fühlen und Mitgefühl mit sich selbst haben.

Sie werden feststellen, dass Sie das, was Sie sich selbst geben, bald auch von Anderen bekommen werden. Wenn wir überzeugt sind, dass wir es verdienen, uns gut um uns zu kümmern, so werden wir das ausstrahlen und Andere werden es in unserem Umgang mit uns selbst bemerken. Sie werden dann ebenfalls davon überzeugt sein, dass wir das verdienen und uns entsprechend behandeln. Und das wird sich auch in ihrer nächsten Partnerschaft deutlich auswirken.

Beginnen Sie gleich jetzt damit und nehmen Sie sich wichtig – von heute bis zum letzten Tag Ihres Lebens.

Wenn Sie sich selbst wichtig nehmen, werden Sie automatisch auch Ihre eigenen Bedürfnisse ernster nehmen.

Der Grund dafür, dass wir sie so häufig übergehen liegt darin, dass wir sie nicht ernst genug nehmen – und der Grund hierfür liegt zu einem großen Teil darin, dass wir uns selbst nicht wichtig genug finden, als dass unsere Bedürfnisse auf Kosten anderer Dinge so viel Raum bekommen sollten.

Aber auch das Thema Bedürfniserfüllung hat nicht das Geringste mit Egoismus zu tun, wie Sie ja bereits im ersten Kapitel des Buches erfahren haben und wie wir uns in Woche 4 noch ganz genau ansehen werden. Es geht hier nicht darum, unsere Wünsche und unseren Willen auf Kosten Anderer durchzusetzen, sondern darum, das, was unser Körper und unser Geist brauchen, als berechtigt und unsere Bedürfnisse als Warnung unseres inneren natürlichen Selbsterhaltungssystems zu verstehen, das uns darauf hinweisen will, dass uns etwas fehlt oder wir uns von etwas zu viel zumuten - und es aus diesem Grund ernst zu nehmen.

Uns selbst unsere elementarsten Bedürfnisse, zum Beispiel nach Schlaf, Ruhe, Langsamkeit, frischer Luft, Flüssigkeit, Vitaminen, einer Pause oder einer Auszeit, Rückzug usw. zu erfüllen, ist kein Luxus, den man sich leisten kann wenn es gerade passt und der ausfallen muss, wenn es nicht passt, sondern ist vielmehr eine Voraussetzung für unser gesundes Fortbestehen. Wir müssen unsere Bedürfnisse daher unbedingt ernst nehmen.

Darüber hinaus sind, wie schon erwähnt, WIR diejenigen, die dafür sorgen müssen, dass unsere Bedürfnisse auch erfüllt werden – und zwar auch gegen mögliche Widerstände. Wir können diese Aufgabe niemand anderem in die Schuhe schieben.

Natürlich müssen wir abwägen und auch die Interessen unserer Mitmenschen berücksichtigen. Wir müssen jedoch ein Gespür dafür entwickeln, wann wir unser Bedürfnis auch einmal etwas später erfüllen können – und wann es sofort und ohne Kompromiss sein muss. Und das müssen wir dann auch durchsetzen.

Das mag dazu führen, dass wir nicht mehr bei jedem das Bild des netten, kooperativen und jederzeit verfügbaren Mitmenschen abgeben. Aber wenn wir unsere Bedürfnisse ernst nehmen und wo nötig auch durchsetzen, wird uns das Respekt von Anderen einbringen. Und es wird uns selbst und unseren Körper, unsere Gesundheit und unseren Job, unseren Alltag, unser Leben und unser Glück schützen. Bringen wir uns selbst also Respekt entgegen und nehmen wir unsere eigenen Bedürfnisse ab sofort wirklich ernst.

Tip Nr. 6: Leben Sie im Einklang mit der Natur und den Jahreszeiten

Erinnern Sie sich noch daran, wie intensiv Sie als Kind die Natur und die Jahreszeiten wahrgenommen haben?

Wie Sie am Fenster die großen weißen Schneeflocken beobachtet und versucht haben zu erkennen, wo sie herkommen? Wie Sie mit Begeisterung Fußabdrücke im frisch gefallenen Schnee hinterlassen und die Schneeflocken mit dem Mund aufgefangen haben, um heraus zu finden wie sie schmecken? Wie die dicken Tropfen eines heftigen Sommergewitters beim Aufschlagen auf den nassen Straßen kleine Kronen gebildet haben? Und wie gut der Wald im Frühling geduftet hat?

Viele von uns – ganz besonders die Stadt- und Großstadtmenschen - verlieren den Kontakt zur Natur, wenn sie älter werden. Selbst die Jahreszeiten versuchen wir – mit Ausnahme von sonnigen Frühlings- und Sommertagen –

soweit es geht auszublenden, uns dem Wetter möglichst nicht auszusetzen und uns stattdessen im 22 Grad warmen Wohnzimmer, Büro oder Auto zu verschanzen, bei Regen und Schnee möglichst nicht aus dem Haus zu gehen (und wenn doch, dann fürchterlich über das Wetter schimpfend) oder sobald der Winter einbricht in wärmere Gefilde in den Urlaub zu fliehen.

Wir brauchen jedoch die regelmäßige Nähe zur Natur, um uns daran zu erinnern, dass wir ein Teil von ihr und in sie eingebunden sind.

Der Kontakt mit der Natur erdet uns, entspannt uns und macht uns ruhig. Sie ist schlichtweg unsere natürliche Umgebung und wir sollten sie daher regelmäßig aufsuchen – auch wenn wir in einer Großstadt leben.

Auch das bewusste Wahrnehmen und Leben mit den Jahreszeiten tut uns gut. Die Jahreszeiten sind Ausdruck der ständigen Veränderung des Lebens und der Entwicklung und Neuentstehung des Lebendigen.

Auch wir sind diesen natürlichen Lebenszyklen unterworfen, gleichgültig wie zivilisiert und von der Natur emanzipiert wir leben. Und es tut uns gut, diese Veränderungen und Lebenszyklen in unserem größeren Kontext hin und wieder bewusst wahrzunehmen, unser Leben zu einem gewissen Grad danach auszurichten und sie dadurch zu respektieren, anstatt sie zu verdrängen oder sie beherrschen und verändern zu wollen. Es kann uns gut tun, sie im Gegenteil bewusst zu zelebrieren und die Kraft zu spüren, die in diesen stetigen Veränderungen steckt.

Feiern Sie jede Jahreszeit und machen Sie aus ihr etwas Besonderes.

Ich meine wirklich jede Jahreszeit - feiern Sie sogar den November! Mit einem Spaziergang im Nebel in warmen gefütterten Winterstiefeln, einer heißen Schokolade in einem traditionellen Cafehaus, gerösteten Kastanien und hochwertigen Duftkerzen.

Jede Jahreszeit bewusst wahrzunehmen und zu zelebrieren verringert übrigens auch den uns allen bekannten Effekt, dass die Zeit mit zunehmendem Alter gefühlt immer schneller vergeht, dass plötzlich schon wieder Winter ist obwohl das Jahr doch gerade erst begonnen hat...

Wenn alles gleich ist, dann werden wir uns nur an wenig davon erinnern, weil wir nicht mehr genau hinschauen. Schaffen wir also lieber Abwechslung und genießen wir die Vielfalt! So werden die Jahre voller intensiver Eindrücke, Erlebnisse und Erinnerungen sein.

Ein schöner Brauch ist es zum Beispiel, Freunde oder Familie viermal im Jahr zu einem kleinen Fest unter dem Motto der jeweiligen Jahreszeit einzuladen. Das kann auch ein ganz kleines Fest für nur 4-6 Personen sein. Es geht nicht darum, dass Sie sich viel Arbeit machen, sondern es geht ums Genießen – zusammen mit Anderen.

Feiern Sie zum Beispiel im Mai an einem der Feiertage ein Blütenfest und dekorieren Sie dafür die gesamte Wohnung, den Tisch, die Teller und Untertassen mit Pfingstrosen. Kaufen Sie passende Servietten mit Blütenmotiven. Sie können auch die Servietten selbst zu wunderschönen Rosen falten und auf dem Tisch verteilen (Anleitungen dazu gibt es im Internet) und sogar das Essen, den Kuchen oder die Snacks mit frischen oder essbaren kandierten Blüten (kann man im Internet bestellen) dekorieren.

Nach dem gleichen Prinzip können Sie auch rauschende Sommerfeste ausrichten, ein Herbstfest mit einer Dekoration aus frischen duftenden Tannen- oder Pinienzapfen, oder ein Winterfest mit selbstgemachten Schokoladenpralinen und unzähligen kleinen Lichtern in der ganzen Wohnung veranstalten. Überlegen Sie sich einfach ein passendes Motto und bringen Sie etwas von dem Schönen, das die Jahreszeit zu bieten hat, in Ihre Wohnung und auf den Tisch.

Auch die Natur sollten Sie regelmäßig aufsuchen und die verschiedenen Wetterlagen auskosten. Schaffen Sie sich auch als Stadtmensch entsprechende Rituale, zum Beispiel jeden Sommer eine lange Wanderung in der Natur zu unternehmen, die Sie mit einem wunderbaren Essen, gefolgt von einem kühlen Bier oder einem guten Wein unter freiem Abendhimmel in einem kleinen Dorfrestaurant abschließen können.

Halten Sie sich im Frühling an Orten auf, an denen alles grünt und blüht, auch wenn Sie sich dafür ins Auto setzen und ein Stück weit fahren müssen. Stellen Sie sich bei einem heftigen Sommerregen ans geöffnete Fenster, schauen Sie dem strömenden Regen zu, hören Sie das laute Rauschen des Wassers und riechen Sie den Geruch des Regens. Das können nur 10 intensiv erlebte Minuten sein, die

Ihnen jedoch ein ganzes Jahr lang in Erinnerung bleiben und Ihnen Energie geben können.

Machen Sie im Herbst einen Spaziergang durch einen Wald voller goldener Laubbäume, auch wenn die Sonne nicht scheint. Gehen Sie im Winter bei Schneegestöber wie ein Kind in dicken Stiefeln, Mütze und Schal ohne Regenschirm ins Freie und lassen die Schneeflocken auf sich herabfallen. Machen Sie Schneespaziergänge und wärmen Sie sich anschließend in einem Cafe bei einem Glühwein oder einer heißen Schokolade mit Rum wieder auf.

Schaffen Sie sich Ihre eigenen Rituale. Solche Rituale in der Natur und ein Leben mit den Jahreszeiten können für Sie zu einem großen Kraftspender werden und sie können jede Menge Freude und Entspannung in Ihr Leben bringen.

Tip Nr. 7: So fühlen Sie sich in Ihrem Körper wohl

Jeder weiß es und doch schaffen es die wenigsten, es dauerhaft umzusetzen: gesunde Ernährung, Bewegung, guter Schlaf, frische Luft und wenig Stress sind unerlässlich, damit wir nicht nur Kraft und Energie haben und uns wohl fühlen, sondern auch damit wir gesund bleiben.

Wenn wir das alles wissen, wie kommt es dann, dass wir uns immer wieder vornehmen, unsere Ernährung zu verbessern und mehr Sport zu machen und es doch nie langfristig schaffen?

Die Antwort lautet: weil wir es oft in einer Art und Weise versuchen, die entweder nicht in unseren Alltag passt oder die uns zu viel Verzicht oder Mühe abverlangt.

Was wir also tun müssen, wenn wir dauerhaft unsere Gesundheit durch Vorbeugung verbessern und unseren Körper stärken wollen, ist, uns ein System zu schaffen, in dem wir auf angenehme Weise langfristig kleine Änderungen zur Steigerung unseres körperlichen Wohlbefindens etablieren.

Die Betonung liegt hier auf kleine (!) Änderungen.

Natürlich wäre es am besten, wenn wir jeden Abend schwimmen oder Yoga praktizieren, täglich meditieren und vollständig auf Zucker und leere Kohlenhydrate verzichten würden. Allerdings bringt der beste Vorsatz nichts, wenn wir ihn nicht umsetzen.

Kleine dauerhafte Änderungen in verschiedenen Bereichen bringen uns deutlich mehr als gar keine Änderungen oder große kurzfristige Anstrengungen gefolgt von Aufgabe und daraus resultierendem Frust oder sogar Selbstvorwürfen.

Sie müssen auch nicht immer den neuesten Kurs in Ihrem Fitnessstudio mitmachen (es sei denn, Sie haben Lust darauf) und allen Trends der Gesundheitsindustrie folgen.

Halten Sie sich einfach an die „Basics", an die einfachen, zeitlosen „Regeln" für ein gesundes Leben, das unserem Körper entspricht und ihm gut tut.

Unser Alltag ist in der Regel so strukturiert, dass für ein wirklich gesundes Leben wenig Platz ist. Weder für ausgiebig Zeit, um regelmäßig ein gutes Essen zuzubereiten, noch für ausreichende Phasen der Ruhe und Langsamkeit und auch nicht für eine natürliche regelmäßige Bewegung anstelle von stundenlangem, bewegungslosem Sitzen vor einem Computer oder auf weichen Polstersofas.

Seien wir also realistisch und umsichtig mit uns und beginnen wir mit Dingen, die unserem Alltag nicht entgegenstehen.

Jeden Tag ein paar kleine Verhaltensänderungen sind besser, als einmal in der Woche ein

Fastentag oder eine 2 stündige Laufrunde. Fangen Sie also ganz klein an:

Versuchen Sie einmal ein Gefühl dafür zu bekommen, wie es Ihrem Körper gehen würde, wenn er stetig oder immer wieder in moderater Bewegung wäre. Spüren Sie in ihn hinein. Stellen Sie sich vor, wie Ihr Rücken sich aufrichten und Ihr ganzer Körper mehr Spannung und Kraft bekommen würde. Und dann spüren Sie in sich hinein, wie es sich im Gegensatz dazu anfühlt, stundenlang eine monotone Sitzhaltung einzunehmen oder monotone Bewegungen durchzuführen.

Wenn wir in uns hineinhorchen merken wir, dass unser Körper einen natürlichen Impuls hat, sich zu bewegen, oder sich zu dehnen, zu strecken und aufzurichten wenn wir in schlechter Haltung dasitzen. Geben wir diesem Impuls wieder eine Stimme! Selbst die Nutzung eines Laufbandes kann wegen der einseitigen Belastung in manchen Fällen mehr schaden als es Gutes bringt. Besonders wenn

Sie bisher keinen oder nur wenig Sport gemacht haben, konzentrieren Sie sich lieber auf natürliche Bewegung und geringe, aber kontinuierliche Veränderung Ihres Lebensstils.

Drei Dinge sollten Sie in Ihren Alltag integrieren:

Erstens sollten Sie mehr laufen (also gehen und zwar so langsam und gemütlich wie Sie möchten – es geht darum, dass Sie in Bewegung sind und Ihre gesamte Muskulatur sanft aktivieren). Achten Sie darauf, jeden Tag insgesamt mindestens 30 Minuten zu laufen. Das muss nicht am Stück sein, sondern zusammen genommen.

Das zweite Muss für unseren Körper ist die Stärkung unseres Rückens. In Zeiten stundenlanger Schreibtisch-Marathons ist es kaum verwunderlich, dass fast jeder ab einem gewissen Alter mit Rückenschmerzen oder Rückenverspannungen (und häufig daraus resultierenden Kopf- oder Nackenschmerzen) zu kämpfen hat. Ihr Rücken benötigt dringend Entlastung!

Dafür sollten Sie jeden Tag mehrmals zwischendurch für 1 oder 2 Minuten ein paar kleine Rückenübungen oder – Bewegungen machen, die Ihre Muskulatur stärken, dehnen und entlasten. Da die Muskelschwächen und die Überlastungen bestimmter Muskeln an unserem Rücken eine vollkommen individuelle Sache sind, abhängig von unseren Gewohnheiten und unserem Alltag, unserem Körperbau und unserem Verhalten in der Vergangenheit und heute, gibt es nicht die EINE Übung, die für alle gleich gut geeignet ist. Was der eine dringend benötigt, kann dem anderen schaden.

Investieren Sie daher doch einmal in eine einzelne Stunde bei einem guten Personal Trainer (oder machen Sie einen Termin bei einer Krankengymnastin) und lassen Sie Ihren Rücken und Ihre Haltung einmal genau untersuchen. Lassen Sie sich sagen, welche Muskeln bei Ihnen zu stark beansprucht und welche vielleicht unterentwickelt sind, welche Sie stärken und welche Sie entlasten sollten und mit welchen einfachen Übungen Sie beides tun können.

Wenn Sie die FÜR SIE passenden Übungen kennen, dann gewöhnen Sie sich an, sie zu festen Zeiten zu machen – am besten nicht zu festen Uhrzeiten, sondern zu festen Zeiten in Ihrem Alltag. Zum Beispiel immer direkt vor der Mittagspause und wenn Sie abends nachhause kommen oder ähnliches.

Und das Dritte, das Sie für Ihren Körper tun sollten, ist, sich keine einseitigen und zu langen Belastungen mehr zuzumuten. Wenn Sie in einem Büro arbeiten, bedeutet das zum Beispiel, immer wieder zwischendurch kurz aufzustehen und ein paar Schritte zu gehen – und sei es nur zum Aktenschrank, in die Kaffeeküche oder zu dem netten Kollegen im Nachbarzimmer. Zudem sollten Sie immer einmal wieder Ihre Sitzhaltung ändern. Abwechslung ist gefragt.

Achten Sie in dieser Woche einmal darauf, wann und wie sich Ihr Körper beim Sitzen zu (einseitig) belastet anfühlt und verschaffen Sie ihm Entlastung indem Sie Ihre Position so ändern, dass sich die gefühlte Belastung löst.

Das Schlafbedürfnis ist bei jedem Menschen unterschiedlich ausgeprägt, es gibt Menschen die regelmäßig mindestens 9 Stunden Schlaf brauchen und andere, denen es mit 5 Stunden Schlaf hervorragend geht. Dennoch sollten Sie darauf achten, dass Sie sich unter Berücksichtigung Ihres individuellen Schlafbedürfnisses genügend Schlaf gönnen.

Wenn Sie sich morgens häufig wie gerädert fühlen wenn der Wecker klingelt, oder wenn Sie anfangen, Dinge zu vergessen, Sie sich schlecht konzentrieren können oder sich schneller als sonst gestresst fühlen, so kann das auf zu wenig Schlaf hindeuten und Sie sollten dann andere Aktivitäten und Termine zugunsten eines gesunden Schlafs absagen. Geben Sie Ihrem Körper die Möglichkeit, sich auszuruhen, seine Zellen zu erneuern, notwendige Heilungsprozesse durchzuführen, sich zu regenerieren und neue Energie zu tanken.

Beim Thema Essen fällt es den meisten Menschen am schwersten, dauerhafte Änderungen für die eigene Gesundheit und das eigene Wohlbefinden vorzunehmen. Denn Essen erfüllt häufig neben der Aufnahme von Nährstoffen noch verschiedene andere Zwecke, es kann Trost spenden, uns glücklich machen, für Unterhaltung und Abwechslung sorgen, ein Gefühl von Schutz bieten, wir können uns damit verwöhnen und uns etwas Gutes tun, uns ablenken, wärmen oder abkühlen, unsere Konzentration verbessern oder uns beruhigen.

Auf all das können oder wollen wir nicht so ohne Weiteres verzichten. Noch dazu hat sich bei den allermeisten Menschen durch ihre

Ess- und Trinkgewohnheiten bereits längst eine körperliche Abhängigkeit von Zucker, Geschmacksverstärkern, Kaffee und anderem eingestellt, die wir nicht einfach ignorieren können. Wir sollten uns also auch hier nicht überfordern, sondern zunächst einmal nur ein paar kleine Schritte vornehmen. Beginnen Sie mit den folgenden drei Veränderungen:

Erstens: Reduzieren Sie den Konsum von süchtig machenden Lebensmitteln innerhalb der nächsten 2 Wochen allmählich und in kleinen Schritten auf 60 Prozent Ihres jetzigen Konsums. Beginnen Sie damit sofort.

Zu den betreffenden Lebensmitteln zählen Kaffee, Zucker (weißer und brauner Zucker) oder Lebensmittel die Zucker enthalten, alle Lebensmittel, die Geschmacksverstärker enthalten (zum Beispiel Chips aber generell die meisten industriell verarbeiteten Fertigprodukte- schauen Sie sich die Inhaltsstoffe einmal genauer an), und falls das für Sie ein Thema sin sollte, auch Alkohol.

Zweitens: Auch wenn Sie keine Zeit oder keine Lust haben, regelmäßig zu kochen, so achten Sie darauf, dass Sie regelmäßig wirklich nahrhaftes Essen zu sich nehmen. Von Fertigprodukten allein kann Ihr Körper nicht gesund bleiben. Kaufen Sie sich einmal in der Woche frisches Obst, Salat und Gemüse bei einem guten Bioladen oder bei einem Bauernhof und bereiten Sie aus diesen Nahrungsmitteln mindestens einen großen Teller nahrhaften Salat (zum Beispiel mit Nüssen und guten Ölen), einen Obstsalat, Obstshake oder Smoothie und eine Gemüsepfanne zu.

Zumindest am Wochenende sollten Sie sich Zeit nehmen, auf Ihre Ernährung zu achten. In den meisten Großstädten gibt es Bauernhöfe, die Lebensmittel ausliefern (zum Beispiel Querbeet.de im Rhein-Main-Gebiet) oder Bio-Lieferservices, von denen Sie sich ganz einfach wöchentlich die Nahrungsmittel Ihrer Wahl nach Hause oder ins Büro liefern lassen können.

Und als drittes sollten Sie den Konsum von industriell verarbeiteter Fertignahrung innerhalb der nächsten 2 Wochen allmählich auf 60% Ihres jetzigen Konsums herunterfahren. Dazu zählen zum Beispiel Dosengerichte, Tütensuppen oder – saucen, Fertig-Nudelgerichte und diverse Snacks.

Hören Sie auf, Ihren Körper unwissentlich als „Mülleimer" zu behandeln. Er erneuert sich permanent und besteht letztendlich zu einem großen Teil aus dem, was wir ihm zuführen. Und er hat keine Chance gesund zu bleiben und einwandfrei zu funktionieren, wenn wir ihn nicht „artgerecht" ernähren. Sicher kennen Sie das Sprichwort „Du bist was Du isst!" Unser Auto betanken wir ja auch nicht mit Leitungswasser, nur um Geld und Zeit zu sparen. Genauso sollten wir auch unseren Körper nicht mit „Billignahrung" abspeisen, nur um Geld zu sparen, das wir ohnehin später für teure Kuren, Behandlungen, Arztbesuche oder Nahrungsergänzungsmittel wieder ausgeben müssen, weil wir uns nicht das zugeführt haben, was wir benötigen und uns nicht vor dem geschützt haben, was unser System nicht in rauhen Mengen über Jahrzehnte vertragen kann.

Kümmern Sie sich ab heute gut um Ihren Körper. Investieren Sie ganz bewusst Geld, Zeit, Energie und Aufmerksamkeit in ihn. Er wird es Ihnen vielfach mit Gesundheit, Kraft, Lebensfreude und Wohlbefinden danken.

Tip Nr. 8: Machen Sie sich Ihre Umgebung schön

Auch wenn Sie kein begnadeter Innenarchitekt sind: machen Sie sich Ihre direkte Umgebung stets so richtig schön! Das fängt mit Ihrer Wohnung an und reicht über Ihren Arbeitsplatz und Ihr Auto bis hin zu Ihrer Garderobe. Damit Sie sich in jeder Ihrer regelmäßigen Umgebungen wohl fühlen, sollten Sie sie stets sauber und aufgeräumt halten, eine wohlige Atmosphäre und einen gewissen Komfort schaffen.

Für die Reinhaltung kann es hilfreich sein, ein Ritual einzuführen, das Sie regelmäßig durchführen und an das Sie ansonsten nicht weiter denken müssen. So sorgen Sie automatisch für Ordnung, vergessen die Dinge nicht und müssen sie nicht jedes Mal von neuem organisieren.

Wie bereits beschrieben, könnten Sie Ihre Wohnung und Ihren Kleiderschrank zweimal im Jahr zu festen Zeiten ausmisten. In Ihrem Büro könnten Sie jeden Freitag die Ablage machen und Ihren Schreibtisch aufräumen und Ihr Auto könnten Sie zweimal jährlich, wenn Sie es zum Reifenwechsel in die Werkstatt bringen, mit einer Innenraumpflege reinigen und pflegen lassen und es anschließend durch die Waschanlage fahren.

Um eine angenehme Atmosphäre zu schaffen, können bereits einige kleine Dinge Wunder bewirken.

Wenn Sie gerne Ihre Wohnung dekorieren, können Sie sie jeden Monat jahreszeitgerecht neu mit passenden Pflanzen, Kerzen, neuer Tischdekoration, frischen Blumen, Servietten, Tüchern, Tischdecken und sonstiger Dekoration schmücken.

Aber auch wenn das Dekorieren Ihnen nicht besonders liegt und Sie nicht recht wissen, wie man es angeht, können Sie bereits mit wenigen einfachen Schritten viel erreichen und sich Ihre Umgebung damit etwas schöner machen:

Am wichtigsten ist eine angenehme Beleuchtung in der Wohnung. Schaffen Sie in jedem Raum mehrere Lichtquellen in den verschiedenen Zimmerecken und -bereichen und zwar sowohl warmes Licht als auch richtig helle Leuchten. Dabei sollten Sie die Lichtquellen so verteilen, dass jeder Zimmerbereich eine eigene Beleuchtung bekommt.

Eine Sitzecke in einer Ecke des Zimmers zum Beispiel kann eine eigene Stehlampe bekommen, das Bücherregal oder der Ankleidebereich können separat angeleuchtet bzw. ausgeleuchtet werden, zum Beispiel mit dem warmen, hellen und gezielt gerichteten Licht von Halogenspots und Ihre Schminkecke können Sie für ein optimales Ergebnis mit hellem tageslichtähnlichem Licht ausleuchten.

Bei der Auswahl der Leuchten können Sie, wenn es Ihnen gefällt, ruhig auch etwas extravagantere Lösungen wählen. Es spricht zum Beispiel nichts gegen einen Kronleuchter in einem hochwertig ausgestatteten Gäste WC. Vor bodentiefen Fenstern mit reichlich freiem Raum können sehr tief von der Decke herab hängende Kristalllampen wunderschön aussehen. Aber auch Lampen aus natürlichen Materialien wie Holz, Muscheln, Korb oder sonstigem können eine wunderbare Atmosphäre schaffen. Im Internet sind Kronleuchter und Kristallleuchten bei Anbietern wie Traumkronleuchter.com und anderen reduziert zu bekommen.

Der Klassiker für eine stimmungsvolle Beleuchtung sind nach wie vor auch Kerzen. Hier können sowohl viele einzelne Kerzen oder mehrere Laternen in verschiedener Größe als auch einzelne sehr große (Duft)-kerzen toll aussehen und Stimmung erzeugen - sowohl im Wohnzimmer als auch im Bad oder im Eingangsbereich Ihrer Wohnung und natürlich im Schlafzimmer.

Wenn Sie wirklich nur ganz wenig tun möchten, könnten Sie einfach eine große hochwertige Duftkerze für das Wohnzimmer kaufen sowie drei kleine blühende Topfblumen in einem schönen Übertopf, die zur Jahreszeit und Ihrer Wohnung passen. Zum Beispiel Schneeglöckchen im Januar, Hyazinthen im März oder Maiglöckchen im Mai.

Darüber hinaus sollten Sie hochwertige Papierservietten in ansprechenden Farben und Motiven im Haus haben, wenn Gäste kommen. Und falls Sie noch keine schönen Kissen besitzen, können Sie sich für Ihr Sofa oder auch einen Sessel schöne Kissen aus hochwertigen Stoffen kaufen.

Ein schöner Teppich kann die Optik eines Raumes ebenso verändern und einen Raum sofort viel wärmer und gemütlicher, aber je nach Teppich auch etwas kleiner wirken lassen. Modische Teppiche in jeder Qualität gibt es heute auch im Internet recht günstig (zum Beispiel bei Benuta.com). Im Bad bringt eine einzelne frische Blume in einer kleinen Vase Frische, Duft und Lebendigkeit.

Ihr Büro können Sie ebenfalls mit einigen wenigen Handgriffen verschönern. Sie sollten Papierkram und Kabel so aufbewahren bzw. legen, dass sie nicht sichtbar sind. Ein frischer Blumenstrauß auf dem Schreibtisch oder der Fensterbank, ein bedeutungsvolles Bild an der Wand und eine wirklich schöne eigene Tee- oder Kaffeetasse können darüber hinaus bereits etwas Atmosphäre geben.

WOCHE 4

WIE SIE IN DANKBARKEIT LOSLASSEN UND GLÜCKLICH NEU STARTEN!

Wie Sie sich in 5 Schritten aus emotionaler Abhängigkeit befreien, ganz einfach loslassen und glücklich neu starten

In dieser letzten Woche des Programms geht es nun ans Eingemachte!

Jetzt geht es um Ihre vergangene Beziehung, um Ihren Expartner, um Sie und Ihre wahren Bedürfnisse in Beziehungen. Und um IHREN Neustart in ein glückliches (Liebes-) Leben!

In dieser Woche werden Sie die entscheidenden Schritte gehen, um Ihren Liebeskummer ein für alle Mal zu überwinden!

Die letzten drei Wochen haben Sie dazu genutzt, Ihre innere Stärke zurück zu gewinnen und sich sich selbst, Ihrem Wohlbefinden und ihrem Leben zuzuwenden und es voran zu bringen - und zwar unabhängig von einem Partner - und um bewusst Abstand von Ihrer vergangenen Beziehung und Ihrem Expartner zu gewinnen.

Nun, da Sie diesen Abstand und Ihre innere Stärke (wieder) erlangt haben, werden wir bewusst zurück schauen: Zurück zu Ihrer Beziehung und zu Ihrem Expartner.

Wenn Sie in den letzten drei Wochen ernsthaft mit dem Programm gearbeitet haben, sind Sie nun innerlich und äußerlich wieder zu großen Teilen in Ihre Kraft zurück gekommen und sind bereit für diesen Schritt.

Sie sind bereit, Ihren Expartner, Ihre Ex Partnerschaft und sich selbst wirklich zu verstehen. In Dankbarkeit und Liebe loszulassen. Und voller Freude Ihren Neustart zu beginnen.

Ich werde Ihnen im Folgenden zunächst eine kurze Übersicht über die 5 Schritte geben, die

Sie dafür in dieser Woche gehen dürfen. Anschließend erhalten Sie eine genaue Anleitung zur Umsetzung jedes einzelnen Schrittes.

Und hier sind sie, die 5 Schritte des Loslassens und des glücklichen Neu-Beginnens in der Übersicht:

Schritt 1: Ihre wahren Bedürfnisse erkennen

Machen Sie sich bewusst, welche Ihrer tiefen Bedürfnisse der Mensch und die Beziehung, die Sie loslassen wollen, erfüllt haben, welche jetzt unerfüllt sind.

Seien Sie hier wirklich ehrlich. Gehen Sie in sich und denken Sie in einer ruhigen Stunde genauer darüber nach. Machen Sie sich schriftlich Notizen, um noch mehr Klarheit zu gewinnen).

Denken Sie dabei daran, dass hinter jedem Schmerz, den Sie jetzt gerade oder beim Gedanken an Ihre vergangene Beziehung und Ihren Expartner, empfinden, ein unerfülltes Bedürfnis steht, das Ihnen am Herzen liegt und dessen Unerfülltsein Ihnen weh tut (wie in Kapitel 1 beschrieben).

Finden Sie dieses Bedürfnis dahinter, schreiben Sie es auf und formulieren Sie es so ehrlich und so genau wie möglich, um es ganz in

Ihr Bewusstsein zu holen und es sich erfüllen zu können.

Schritt 2: Ihre Bedürfnisse und Herzenswünsche erfüllen

Lassen Sie wichtige und tiefe Bedürfnisse niemals unerfüllt, sondern finden Sie einen Weg, sie zu erfüllen. Denken Sie daran, dass es immer (!) VIELE verschiedene Wege gibt, um ein Bedürfnis zu erfüllen. Sie sind deshalb niemals von einer ganz bestimmten Person, einem ganz bestimmten Job oder einem bestimmten sozialen Umfeld abhängig, um sich diese Bedürfnisse erfüllen zu können, sondern können andere Wege finden.

Sie können also loslassen und einen ANDEREN Weg dafür finden und müssen nicht verzichten oder leiden.

Überlegen Sie sich nun zu jedem Bedürfnis das Sie notiert haben, das momentan unerfüllt ist oder das unerfüllt sein wird, sobald Sie vollkommen loslassen, eine konkrete Lösung, wie Sie dafür sorgen, dass es OHNE Ihren Expartner und Ihre vergangene Beziehung erfüllt sein wird.

Nehmen Sie sich dafür etwas Zeit. Gönnen Sie sich am besten einen Abend für sich alleine oder noch besser einen ganzen Sonntag oder auch ein Wochenende und schreiben Sie zu jedem Bedürfnis auf Ihrer Liste aus Schritt 1 eine konkrete Idee auf, die sich in Ihrer Situation umsetzen lässt (oder noch besser mehrere mögliche Alternativen).

Schritt 3: Die Angst vor der Veränderung heilen

Bereiten Sie sich auf die Veränderung vor, die eintritt, wenn Sie ganz loslassen.

Sie werden durch das Loslassen aus Ihrer Komfortzone heraus geworfen und müssen in einer neuen Situation zurechtkommen. Da wir Menschen Gewohnheitstiere sind und uns am liebsten in unserer Komfortzone aufhalten, brauchen Sie gute Gründe, um sich auf das Heraustreten aus der Komfortzone und das Eintreten in eine neue Phase Ihres Lebens zu freuen, anstatt Angst zu empfinden.

Und genau diese Gründe, die Sie motivieren, Ihre Komfortzone verlassen zu WOLLEN, sollten Sie für Ihre konkrete Situation sammeln. Wie Sie das tun, erfahren Sie gleich in der Praxisanleitung.

Schritt 4: Sich auf ein neues Glück vorbereiten

Eine Veränderung macht Ihnen weniger Angst, wenn Sie davon ausgehen, dass das, was danach kommt, besser wird, als das, was bisher war, mit anderen Worten: Wenn Sie eine positive Erwartung in sich entwickeln von dem, was als nächstes in Ihrem Leben kommen wird.

Entwerfen Sie eine Vision von dem, wie Ihre neue Lebensphase aussehen soll und achten Sie darauf, dass in ihr alle Ihre tiefen Herzenswünsche und Bedürfnisse erfüllt sind.

Gönnen Sie sich eine neue Lebensphase, die Sie wirklich glücklich macht.

Das Gute an Ihrer momentanen Situation ist:

Sie müssen jetzt sowieso Ihre Komfortzone verlassen. Da können Sie die Überwindung, die das kostet, auch gleich dazu nutzen, sich ganz bewusst eine neue Lebensphase zu schaffen, die Sie so richtig glücklich macht, und Ihr Leben somit selbst steuern und Ihre Umstände erschaffen, anstatt sich von den Umständen steuern und lenken zu lassen.

Wie Sie das am besten tun, und wie Sie außerdem mit einem Trick dafür sorgen, dass Ihre Vision auch Wirklichkeit wird, erfahren Sie ebenfalls gleich im Praxisteil.

Schritt 5: Sich in Dankbarkeit von der alten Lebensphase verabschieden

Dieser letzte Schritt ist der liebevolle Abschied von Ihrer letzten Lebensphase.

Jeder Mensch, für den wir einmal unser Herz öffnen und jede Lebensphase, die wir durchleben, hinterlässt eine Spur in unserem Leben und das darf sie auch. Je mehr wir das zu verdrängen versuchen, desto mehr wird die alte Situation uns verfolgen und uns nicht loslassen.

Deshalb ist es wichtig, dass wir uns eingestehen und zulassen, dass (und wie) die alte Lebensphase uns geprägt und beeinflusst hat und dass wir nicht in Groll, sondern in Zuversicht loslassen und uns bewusst vom Alten verabschieden, um uns in die neue Lebensphase aufzumachen.

Wie Sie in Dankbarkeit und mit offenem Herzen Abschied nehmen und sich auf das Neue einstellen und freuen können, erfahren Sie ebenfalls gleich im Praxisteil.

Falls es Ihnen schwer fällt, Ihrem Expartner bestimmte Dinge zu verzeihen, die vorgefallen sind, dann finden Sie außerdem am Ende dieses Buches ein kleines Bonuskapitel, in dem ich Ihnen Einsicht in die Kunst der Vergebung gebe.

Denn wenn wir Groll in uns tragen und nicht vergeben können, dann können wir auch nicht vollständig loslassen.

Mit diesen fünf Schritten des Loslassens und dem zusätzlichen Wissen über die Kunst der Vergebung können Sie schmerzfrei und angstfrei loslassen und glücklich neu beginnen!

Wenn Sie die 5 Schritte gegangen sind und die Sicherheit in sich entwickelt haben, dass Sie Ihre tiefsten Wünsche und Bedürfnisse auch ohne Ihren Expartner erfüllen können, wenn Sie erkannt haben, dass Sie nichts mehr von ihm brauchen, dann können Sie mit einem liebevollen Blick zurück schauen und hoffen, dass auch er sich alle seine tiefen Bedürfnisse erfüllen wird - ohne Sie - damit auch er glücklich sein kann.

DAS 5 TAGE PRAXISPROGRAMM ZUM LOSLASSEN UND GLÜCKLICH NEU STARTEN!

Um nun bewusst Ihre alte Lebensphase, Ihre vergangene Beziehung und Ihren Expartner loszulassen, sollten Sie sich in dieser Woche etwas Ruhe und Zeit für sich selbst gönnen. Vielleicht können Sie sich sogar ein paar Tage frei nehmen, um diesen Prozess wirklich bewusst und ganz in Ruhe gehen zu können.

Ablenkung (wie ausgiebiges Feiern, Fernsehen oder das Zusammensein mit vielen Menschen) ist in dieser Woche kontraproduktiv, denn das führt Sie nur weiter von Ihren wahren Bedürfnissen fort und erschwert es Ihnen dadurch, bei sich selbst anzukommen und Zugang zu Ihren tiefsten Bedürfnissen zu erhalten.

Sie können dieses Programm entweder am Stück an 2 oder 3 freien Tagen, oder an fünf Abenden umsetzen. Wenn Sie es abends umsetzen, dann nehmen Sie sich in dieser Woche jeden Abend 2-3 Stunden Zeit für sich, in der Sie alleine und ungestört sind und sich auf das Programm konzentrieren können. Falls Sie zuhause keine Ruhe haben, setzen Sie sich einfach mit einem Notizbuch in ein ruhiges Cafe.

Arbeiten Sie an jedem der fünf Tage an einem der 5 Schritte. Für Schritt zwei sollten Sie sich am zweiten Tag jedoch mindestens 3, besser sogar 4 Stunden Zeit nehmen und sich einen Ort suchen, an dem Sie wirklich gut nachdenken können.

Und nun legen wir los:

Schritt 1: Wie Sie Zugang zu IHREN wahren Bedürfnissen finden

Denken Sie an den Menschen, den Sie loslassen wollen und stellen Sie sich die schönen Momente dabei vor. Die Momente, die Sie mit diesem Menschen und in dieser Beziehung richtig glücklich gemacht haben und wegen denen es Ihnen so schwer fällt, ein für alle Mal loszulassen.

Machen Sie sich bewusst, welche Ihrer tiefen Bedürfnisse in diesen Situationen erfüllt waren und WAS Sie daran so glücklich gemacht hat:

Was genau war es, das Sie in diesen Situationen wirklich glücklich gemacht und Ihnen so viel gegeben hat?

Seien Sie hier wirklich ehrlich. Gehen Sie in sich, denken Sie genauer darüber nach und machen Sie sich schriftlich Notizen, um mehr Klarheit zu gewinnen.

Denken Sie dabei daran, dass hinter jedem Schmerz, den Sie empfinden (z.B. beim Gedanken an die schönen Momente), ein unerfülltes Bedürfnis steht, das Ihnen am Herzen liegt und dessen Unerfülltsein Ihnen weh tut.

Auch wenn es für Sie zunächst nicht klar erkennbar ist:

Solange Sie beim Gedanken, etwas zu verlieren, Schmerz empfinden steckt ein wichtiges Bedürfnis dahinter, von dem Sie wissen oder glauben, es nach dem Loslassen nicht mehr erfüllt zu bekommen.

Finden Sie IHR Bedürfnis hinter jedem Schmerz, schreiben Sie es auf und formulieren Sie es so ehrlich wie möglich.

Erstellen Sie daraus, ausgehend von den Gedanken, die Ihnen beim Loslassen den größten Schmerz verursachen, Ihre Liste mit IHREN ganz persönlichen wichtigsten Bedürfnissen.

Vielleicht sind das Dinge wie:

- Ich möchte Liebe und Zuwendung GEBEN
- Ich möchte für einen Menschen wichtig sein
- Ich möchte für meine Gesellschaft wertvoll sein, indem ich einen wichtigen Beitrag leiste
- Ich möchte von den Menschen um mich herum für wertvoll gehalten werden und Anerkennung bekommen
- Ich möchte mich stark und begehrenswert fühlen
- Ich möchte Menschen (Kinder) positiv beeinflussen
- Ich möchte finanzielle Sicherheit und Stabilität haben und immer genug Geld für das, was ich zum Leben brauche, sodass ich mir nie wieder Sorgen um Geld machen muss
- Ich möchte einen Menschen an meiner Seite, der sich ganz zu uns bekennt und der sein ganzes Herz in unsere Beziehung hinein gibt

- Ich möchte in einer tiefen Verbindung (einer Seelenverbindung) zu einem Menschen leben
Und vieles mehr...

Der Schmerz des Loslassens, den Sie im Moment, vor allem beim Gedanken an die schönen Momente mit Ihrem Expartner, empfinden, ist Ihnen in Wahrheit eine große Hilfe und ein ausgesprochen nützliches Mittel, um IHRE ganz persönlichen höchsten Werte und Ihre größten Herzenswünsche in diesem Leben herauszufinden. Um Zugang zu ihnen zu finden. Und diese genau zu kennen und ehrlich anzuerkennen, ist die Voraussetzung dafür, dass Sie sich ein erfülltes und glückliches Leben aufbauen können, in dem sie ganz erfüllt sind.

Jeder Schmerz, den Sie empfinden, weist auf ein unerfülltes Bedürfnis hin und zwingt Sie so dazu, so lange in Ihrem Kopf und in Ihrem Herzen nach diesem Bedürfnis zu suchen, bis Sie es gefunden haben.

Schritt 2: Wie Sie sich Ihre Bedürfnisse und Herzenswünsche erfüllen, nachdem Sie losgelassen haben

Lassen Sie wichtige und tiefe Bedürfnisse niemals unerfüllt, sondern finden Sie einen Weg, sie zu erfüllen. Denken Sie daran, dass es immer (!) VIELE verschiedene Wege gibt, um ein Bedürfnis zu erfüllen. Sie sind deshalb niemals von einer ganz bestimmten Person, aber auch genauso wenig von einem ganz bestimmten Job oder einem bestimmten sozialen Umfeld abhängig, um sich diese Bedürfnisse erfüllen zu können, sondern können andere Wege finden.

Sie können loslassen und einen ANDEREN Weg dafür finden und müssen weder verzichten noch leiden.

Ihre Liste aus Schritt 1 mit Ihren ganz persönlichen tiefen Bedürfnissen und Herzenswünschen in diesem Leben dient Ihnen nun als Grundlage für Schritt 2.

Gehen Sie heute die Liste durch und überlegen Sie sich zu jedem Bedürfnis das Sie notiert haben eine konkrete Lösung, wie Sie es sich in Zukunft OHNE Ihren Expartner und Ihre vergangene Beziehung erfüllen.

Nehmen Sie sich dafür etwas Zeit, gönnen Sie sich, wie schon erwähnt, mindestens drei Stunden dafür, besser mehr, und gehen Sie jedes Bedürfnis einzeln durch.

Wenn Sie sich zum Beispiel nach Ihrer Trennung nach Nähe und Zuwendung sehnen, dann kann diese sich zwar nicht ohne einen anderen Menschen einstellen, es wäre für Sie also nicht ratsam, sich in den nächsten Jahren vollkommen zurück zu ziehen und dauerhaft alleine zu bleiben, aber sie kann ohne DIESEN speziellen Menschen erfolgen. Und es gibt auf dieser Erde noch Millionen andere potenzielle Partner für Sie. Zwar ist jeder Mensch einzigartig, aber das GRUNDGEFÜHL, nach dem Sie sich sehnen, können Sie auch mit vielen, vielen anderen Menschen erleben.

Gehen Sie auf Ihrer Liste Bedürfnis für Bedürfnis durch und überlegen Sie sich zu jedem davon DREI mögliche und realistische Wege, wie Sie es vollkommen ohne Ihren Expartner erfüllen werden. Wenn Sie mögen, schreiben Sie auch den Zeitraum dazu, zum Beispiel innerhalb von einem Jahr, 6 Monaten, 3 Monaten oder 4 Wochen...

Notieren Sie nur Wege, die wirklich für Sie realistisch möglich und in Ihrem Leben praktisch umsetzbar sind und die Sie theoretisch sofort oder in naher Zukunft umsetzen können, wenn Sie wollen.

Je mehr praktische Details Sie sich für die Umsetzung dieser Wege notieren und einen realistischen Plan aufstellen, umso besser.

Schritt 3: Bereiten Sie sich auf den Neubeginn vor

Wie Sie bereits wissen, scheuen Menschen Veränderungen, weil sie ihre Komfortzone nicht verlassen wollen. Oftmals halten sie alleine nur noch deswegen an etwas (oder jemandem) fest, das ihnen schon lange mehr schadet als nützt.

In diesem dritten Schritt werden wir uns daher gezielt darauf vorbereiten, die Komfortzone zu verlassen und etwas Neues zu beginnen.

Unsere Komfortzone ist der Bereich, in dem wir uns auskennen und uns wohlfühlen, in dem uns die Dinge leicht fallen und wir uns nicht überwinden müssen. Sie ist bei jedem Menschen unterschiedlich groß und verändert sich im Laufe unseres Lebens. Und sie kann von uns ganz bewusst erweitert werden.

Jedes Mal, wenn wir uns in eine neue Situation begeben oder etwas tun, vor dem wir Angst haben, verlassen wir unsere Komfortzone und begeben uns in die Lernzone.

Die Lernzone ist der Bereich, in dem wir unsere Fähigkeiten erweitern, Blockaden lösen und besser werden können.

Dahinter befindet die Panikzone. In sie geraten wir, wenn wir uns zu weit aus unserer Komfortzone herauswagen.

Ängstliche Menschen haben die Tendenz, in ihrer Komfortzone zu bleiben. Mutige Menschen haben die Tendenz, sich aus der Komfortzone heraus in ihrer Lernzone zu bewegen. Sie fühlen sich gefordert, aber auch lebendig in der Lernzone, während ängstliche Menschen die unbekannte Lernzone als besonders bedrohlich erleben.

Ein Beispiel:

Nehmen wir an, Sie sind schüchtern und es fällt Ihnen schwer, fremde Menschen anzurufen. Wenn Sie mit einem alten Freund telefonieren, dann sind Sie in Ihrer Komfortzone, in der Sie sich wohl fühlen.

Wenn Sie in einem Restaurant anrufen müssen um eine Reservierung zu machen, müssen Sie sich aus Ihrer Komfortzone hinaus in die Lernzone bewegen und das kostet Sie bereits Überwindung.

Wenn Sie nun allerdings für Ihre Firma eine internationale Telefonkonferenz mit der Management-Etage aller Konsortialpartner Ihres Unternehmens aufsetzen müssten, um die Vertragsverhandlungen für einen Multi-Millionen-Auftrag zu leiten, dann wären Sie wahrscheinlich in Ihrer Panikzone.

Wenn wir unsere Komfortzone erweitern und uns in Situationen wohlfühlen oder glücklich sein wollen, vor denen wir bisher Angst hatten, dann müssen wir uns dafür zu Beginn etwas überwinden und uns in der ersten Zeit täglich ein Stück aus unserer Komfortzone heraus in die Lernzone wagen.

Aber immer nur ein kleines Stück! Überfordern Sie sich nicht.

Wie aber können wir uns nun dazu motivieren, unsere Komfortzone zu verlassen, wenn wir uns doch offensichtlich außerhalb von ihr nicht wohl fühlen?

Unsere Komfortzone zu verlassen und sie dadurch zu erweitern kostet uns Überwindung. Und um uns zu etwas Unangenehmem zu überwinden, brauchen wir gute GRÜNDE.

Unser WARUM (unsere Motivation) muss stärker sein, als der Widerstand den wir beim Gedanken daran verspüren, unseren Expartner und die Beziehung loszulassen. Wir benötigen also SEHR gute Gründe und die sollten wir kennen, bevor wir beginnen, unsere Komfortzone zu verlassen, unsere vergangene Beziehung endgültig loszulassen und in unserem Leben neu zu starten!

„Wenn Du ein WARUM zum Leben hast, erträgst Du jedes WIE" sagte schon Friedrich Nietzsche.

Diese Worte können wir auf jede Aufgabe übertragen, der wir uns im Leben stellen möchten. Sei es, in einer schwierigen Situation loszulassen und neu zu beginnen, oder etwas anderes zu schaffen, zu dem wir uns überwinden müssen.

Wenn wir einmal unser WARUM dafür gefunden haben, dann werden wir uns überwinden und bereit sein, den Preis dafür zu bezahlen.

Deshalb möchte ich Sie heute dazu einladen, sich IHR persönliches WARUM, IHREN GRUND, warum Sie bewusst einen Neustart machen und Ihre neue Lebensphase beginnen wollen, ganz deutlich bewusst zu machen.

Sie werden merken, dass es Ihnen, sobald Sie Ihr WARUM vor Augen haben, VIEL leichter fallen wird, sich auf die neue Lebensphase, die nun vor Ihnen liegt, zu freuen!

Bitte beantworten Sie daher doch jetzt gleich einmal schriftlich die folgenden vier Fragen:

1. Was konnte ich in der alten Situation – in der Beziehung mit dem Menschen, den ich loslassen möchte - NICHT tun/haben/sein/bekommen/erleben, das ich in meiner neuen Lebensphase tun kann und tun werde? Woran hat mich die alte Beziehung oder dieser Mensch gehindert? (mindestens 5 Dinge notieren, die für Sie wirklich wertvoll sind)
2. Was kann ich erreichen/bekommen/tun/sein/erleben, wenn ich einen Neustart wage, das ich bisher nicht oder sogar noch nie in meinem Leben erreicht/bekommen oder getan habe? (mindestens 3 Din-

ge, besser 5 notieren, die für Sie wirklich wertvoll sind)
3. In welchen Situationen werde ich ganz konkret Vorteile haben, sobald ich die alte Lebensphase losgelassen habe (wovon befreie ich mich dadurch)? (mindestens 5 Dinge notieren).
4. In welchen Situationen werde ich ganz konkret Vorteile haben, sobald ich in meine neue Lebensphase gestartet bin?

Schritt 4: Wie Sie dafür sorgen, dass Ihre Zukunft besser wird als Ihre Vergangenheit

Eine Veränderung macht Ihnen, wie Sie bereits wissen, weniger Angst, wenn Sie davon ausgehen, dass das, was danach kommt, besser wird, als das was bisher war, mit anderen Worten: Wenn Sie eine positive Erwartung in sich entwickeln von dem, was als nächstes in Ihrem Leben kommen wird.

Das haben wir im letzten Schritt bereits in den Grundzügen getan. In diesem Schritt geht es darum, dass Sie eine konkrete Vision von Ihrem neuen Lebensabschnitt entwerfen und entwickeln, die so erstrebenswert und so wunderbar ist, dass sie eine enorm starke Sogkraft entwickelt und sie mit ihrer Attraktivität förmlich zu ihr hin zieht.

Eine wirklich starke Vision wirkt auf uns so positiv faszinierend und berührt uns auf einer so tiefen Ebene, dass wir stark von ihr angezogen werden.

Entwerfen Sie heute eine Vision für sich von einer geradezu fantastischen und auf tiefster Ebene erfüllenden neuen Lebensphase, in der Sie vor Glück sprühen.

Achten Sie unbedingt darauf, dass in ihr alle Ihre tiefen Herzenswünsche und Bedürfnisse von Ihrer Liste aus Schritt 1 erfüllt sind. Lassen Sie Ihrer Kreativität freien Lauf und gönnen Sie sich eine Lebensphase, die Sie wirklich glücklich macht.

Der große Vorteil in Ihrer aktuellen Situation ist:

Sie müssen jetzt sowieso Ihre Komfortzone verlassen. Da können Sie die Überwindung, die Sie das kostet auch gleich dazu nutzen, sich ganz bewusst eine wirklich grandiose neue Lebensphase zu schaffen, die Sie glücklich macht, Ihr Leben also selbst zu steuern und Ihre Umstände zu erschaffen, anstatt sich von den Umständen steuern und lenken zu lassen.

Schreiben Sie sich Ihr Traumleben auf. Formulieren Sie es positiv und in der Gegenwart, so als wäre es bereits Wirklichkeit (z.B. Ich lebe in einer tiefen Seelenverbindung voller Nähe und Verständnis mit einem feinfühligen Menschen...). Erschaffen Sie in dieser Vision ALLE Ihre Lebensbereiche nach Ihren Wünschen neu – nicht nur den Bereich Partnerschaft.

Und dann nutzen Sie das Gesetz der Anziehung, um Ihre Vision Wirklichkeit werden zu lassen – und zwar richtig!

Und so tun Sie das:

Reservieren Sie sich für die nächsten 30 Tage jeden Abend direkt vor dem Schlafengehen 15 Minuten Zeit, um Ihre neue Lebensphase aktiv zu visualisieren.

Schließen Sie in diesen 15 Minuten die Augen und denken Sie an Ihr Traumleben. Sie können sich zu Beginn vorher auch Ihre Notizen dazu kurz durchlesen.

Es gibt hier allerdings etwas zu beachten:

Es gibt einen entscheidenden Trick, den Sie bei Ihrer abendlichen Visualisierung beachten müssen, damit das Gesetz der Anziehung wirkt. Und hier ist er:

Erschaffen Sie aus dem Gedanken an Ihr Traumleben STARKE und TIEFE Emotionen!

Fühlen Sie sich in den Zustand hinein, in dem Sie das, was Sie sich wünschen, mit voller Aufmerksamkeit tun / genießen / erleben /nutzen und dabei größte Freude erleben!

Malen Sie sich die Situation in den schillerndsten Farben aus und spüren Sie sich selbst in Ihrem neuen Leben mit allen Details, bis wirklich starke und intensive Emotionen in Ihnen entstehen, die Sie sogar körperlich spüren.

Wenn Sie sich tiefe gegenseitige Liebe zu einem Menschen wünschen, dann spüren und sehen Sie sich selbst und diesen anderen Menschen vor sich, und zwar wirklich intensiv, mit seinem gesamten Energiefeld, seiner Ausdrucksweise, seiner Gestik und Mimik, seinen Augen. Sehen Sie seinen inneren Kern, sein Wesen, spüren Sie intensiv Ihre Liebe zu diesem Menschen, spüren Sie, wie Sie ihn in den Arm nehmen und sein Herz schlagen spüren...Spüren Sie, wie er Sie und Ihr Inneres sieht und versteht.

Stellen Sie sich diese Situation ganz konzentriert für wenige Minuten so intensiv vor, dass wirklich starke Emotionen in Ihnen entstehen.

Wiederholen Sie diese intensive Form der Visualisierung wirklich 30 Abende und FREUEN Sie sich tief über das, was Sie sich wünschen. In Ihrem Kopf ist Ihr Traum längst Wirklichkeit geworden. Lassen Sie sich in Ihrer Vorstellung ganz und gar davon erfüllen!

Genau das ist der entscheidende Trick, mit dem Sie durch Ihre tägliche Visualisierung nicht nur in Ihrem Inneren, sondern auch im Außen Fülle in Ihr Leben ziehen:

Es reicht nicht, nur zu DENKEN: Ich lebe jetzt dieses Traumleben und habe oder erlebe dieses oder jenes und es ist großartig... Sie müssen es FÜHLEN!

Nur durch Emotionen erhöhen Sie Ihre Körperfrequenz so, dass Sie im Außen durch das Gesetz der Resonanz diese Fülle anziehen.

Wenn Sie das nicht glauben können, dann probieren Sie es aus! Es funktioniert!

Wenn Sie dieses kleine aber enorm machtvolle Ritual täglich ausüben, und sich dabei ganz gezielt Situationen vorstellen, in denen Ihre tiefen Bedürfnisse voll und ganz erfüllt sind (und zwar ohne Ihren Expartner und Ihre vergangene Beziehung), dann werden Ihre Vorstellungskraft und Ihr Fokus eine Kraft für Sie entwickeln, die Sie selbst kaum fassen können.

Und diese Kraft wird in einer enormen Geschwindigkeit Fülle, Freude, Liebe, inneren und äußeren Reichtum im Überfluss und jede Menge wundervolle Dinge in Ihr Leben ziehen, von denen Sie womöglich Jahrzehnte lang geträumt und die Sie schon nicht mehr für möglich gehalten haben.

Sie werden sich in einer Situation wiederfinden, in der wirklich alle Ihre Bedürfnisse und Herzenswünsche, die Sie aufgeschrieben (und visualisiert) haben, vollkommen erfüllt sind.

Visualisierung so angewendet wird Ihr Leben mit einer enormen Kraft revolutionieren und auf eine ganz neue Stufe bringen.

Probieren Sie es aus!

Die einzigen beiden Voraussetzungen, damit es funktioniert, sind:

- Sie müssen sich wirklich auf diese intensiven schönen Emotionen einlassen und sich von ihnen innerlich ganz erfüllen lassen, bis Sie spüren, dass Ihr Körper reagiert (mit einer Gänsehaut, Tränen in den Augen, einem Lächeln, einem Adrenalin- oder Endorphinausstoss)
- Und Sie müssen es wirklich jeden Tag tun! 30 Tage lang

Schritt 5: Wie Sie sich in Dankbarkeit verabschieden und in Liebe loslassen

Unmittelbar bevor Sie sich in Ihre neue Lebensphase begeben, können und sollten Sie nun den entscheidenden Schritt gehen, um wirklich dauerhaft und ohne (unbewusste) Schuldgefühle ein für alle Mal Ihren Expartner und Ihre vergangene Beziehung loszulassen:

Dieser letzte Schritt ist der ganz bewusste und wertschätzende Abschied von der letzten Lebensphase und von Ihrem Expartner. Jeder Mensch, für den wir unser Herz öffnen und jede Lebensphase, die wir durchleben, hinterlässt eine Spur in unserem Leben. Und je mehr wir das zu verdrängen versuchen, desto mehr wird die alte Situation uns verfolgen und uns nicht loslassen.

Deshalb ist es wichtig, dass wir uns eingestehen und zulassen, dass unser Expartner uns geprägt und beeinflusst hat und dass wir nicht in Groll, sondern in Zuversicht loslassen und uns bewusst und in Dankbarkeit von ihm verabschieden, um uns in die neue Lebensphase aufzumachen.

Das fällt sehr schwer und ist nahezu unmöglich, solange wir uns noch von unserem Expartner abhängig fühlen, weil wir glauben, ihn für Glück und Erfüllung zu brauchen.

Sobald wir jedoch unseren Gedanken, wir bräuchten ihn zur Erfüllung unserer Bedürfnisse, als Illusion enttarnt haben, können und sollten wir den Wert anerkennen, den wir geschenkt bekamen durch seine Anwesenheit in unserem Leben.

Dann werden wir wirklich frei!

Wir können nicht loslassen, was wir nicht in vollem Ausmaß gewertschätzt und in seiner vollen Größe und Bedeutung anerkannt haben, denn das unbewusste Kleindenken von etwas Wertvollem erzeugt Schuldgefühle in uns, die uns in der Regel nicht bewusst sind. Wenn wir jedoch seinen Wert anerkennen und für die Bereicherung in unserem Leben dankbar sind, dann können wir das Positive, das uns diese Begegnung und diese Lebensphase geschenkt hat, in unserem Gefühl mit in die Zukunft nehmen, ohne noch von ihr abhängig zu sein.

Nehmen Sie deshalb heute in diesem fünften Schritt bewusst Abschied von Ihrem Expartner und Ihrer Beziehung, erkennen Sie ihren Wert für Ihr Leben (an) und bedanken Sie sich. Tun Sie es, indem Sie die folgenden fünf Fragen schriftlich für sich beantworten und gönnen Sie sich etwas Zeit und Ruhe für die Arbeit an diesen Antworten:

1. 5 Dinge/Erlebnisse/Gefühle, mit denen mich mein Expartner und die Beziehung zu ihm bereichert haben und für die ich dankbar sein kann
2. 5 Dinge, die die Begegnung mit diesem Menschen zu einem Geschenk für mein Leben gemacht haben

3. 5 konkrete Gründe, warum ich dankbar sein kann, diesen Menschen in dieser Phase meines Lebens getroffen zu haben (z.B. Dinge, die ich von ihm gelernt habe...)
4. 3 gute Dinge, die Sie Ihrem Expartner von Herzen für sein Leben wünschen (die NICHTS mit Ihnen zu tun haben und die auch NICHT von Ihnen kommen!) - einfach aus Dankbarkeit dafür, dass er Ihr Leben bereichert hat.
5. 3 gute Dinge, die Sie Ihrem Expartner wünschen (die NICHTS mit Ihnen zu tun haben und die auch NICHT von Ihnen kommen!) - einfach weil Sie wissen, dass er eine gute Seele ist, die das Beste verdient und die, genau wie Sie, auch ihre tiefen Bedürfnisse erfüllt bekommen soll.

Nachdem Sie diese 5 Fragen beantwortet haben, schreiben Sie Ihrem Expartner einen Abschiedsbrief, in dem Sie ihm Ihre ehrliche

Wertschätzung zeigen, seinen Wert anerkennen und ihn aus seiner Verpflichtung entlassen.

Das könnte zum Beispiel so aussehen:

Du hast mein Leben bereichert. Es war gut, dass Du mir auf meinem Lebensweg begegnet bist. Und es spielt keine Rolle, dass es nur für eine kurze Zeit war.

Ich entlasse Dich heute aus der Verpflichtung, meine Bedürfnisse erfüllen zu müssen und in meinem Leben bleiben zu müssen. Du hast mich eine Zeit lang glücklich gemacht und dafür danke ich Dir. Nun werde ich weiter ziehen und mir auf neue Weise ein glückliches Leben aufbauen. Ich werde dafür sorgen, dass meine wirklich wichtigen Bedürfnisse erfüllt sind, aber keine Sorge: Du wirst nie wieder etwas dafür tun müssen. Ich bin jetzt stark und frei.

Und ich wünsche mir von Herzen, dass auch Du jetzt in eine Lebensphase aufbrichst, in der Du für Dein Glück sorgst und Glück findest.

Alles, was ich Dir in unserer gemeinsamen Zeit geschenkt habe, habe ich Dir von Herzen gegeben und ich bin glücklich, dass ich Dich damit bereichern konnte.

Und alles, was Du mir in unserer gemeinsamen Zeit geschenkt hast, nehme ich mit offenem Herzen an und werde es in meine Zukunft mitnehmen, denn Du und Deine Geschenke dürfen auch in Zukunft einen liebevollen kleinen Platz in meinem Herzen behalten.

Schicken Sie diesen Brief nicht ab (es sei denn, Sie möchten das), sondern heben Sie ihn 3 Tage lang in Ihrem Geldbeutel auf, wo Sie ihn immer bei sich tragen und verbrennen oder zerreißen Sie ihn am dritten Tag und werfen ihn fort, sodass Sie vollkommen frei sind für Ihr neues Leben.

Nun haben Sie eine genaue Anleitung für die 5 Schritte, mit denen Sie schmerzfrei und angstfrei loslassen, sich von Abhängigkeit befreien und glücklich und frei neu beginnen!

Wenn Sie sie auf Ihre ganz persönliche Situation angewendet und sie umgesetzt haben, müssen Sie keinen Schmerz mehr empfinden, denn Sie müssen keine (bewusste oder unbewusste) Angst mehr davor haben, dass wichtige Dinge, die Sie zu Ihrem Glück brauchen, Ihnen durch das Loslassen verloren gehen.

Sie werden Sicherheit haben, dass Ihnen eine erfüllte und glückliche Zeit bevor steht und Sie selbst proaktiv mit dafür sorgen können. Und Sie müssen auch keine Schuldgefühle empfinden, wenn Sie loslassen (die uns oftmals, ohne dass uns das bewusst ist, an einem glücklichen Neustart hindern), weil Sie den Menschen und Ihre Zeit mit ihm gewürdigt und anerkannt haben und sich in liebevoller Absicht von ihm verabschiedet haben.

Wenn Sie die 5 Schritte aus diesem Praxisprogramm gegangen sind und sich von der Illusion der Abhängigkeit befreit haben, wenn Sie die Sicherheit entwickelt haben, dass Sie Ihre tiefsten Wünsche und Bedürfnisse auch anders erfüllen können und werden, wenn Sie erkannt haben, dass Sie nichts mehr von dem Menschen brauchen, den Sie loslassen möchten, dann können Sie, unmittelbar bevor Sie in Ihrem Leben neu beginnen, mit einem liebevollen Blick zurück schauen und hoffen, dass auch er sich alle seine tiefen Bedürfnisse erfüllen wird - ohne Sie.

Es ist nicht Ihre Verantwortung, sondern seine. Aber Sie können es ihm wünschen.

Alles, was SIE zu Ihrem Glück jemals brauchen werden, liegt in Ihnen. Dort finden Sie die Kraft die Sie brauchen, um das Universum zu erleuchten.

Sie sind diese Kraft!

Denn Sie sind LIEBE!

BONUS: Die Kunst der Vergebung (ohne Selbstaufgabe!)

Wenn Sie in Groll über einen Menschen gefangen sind und es Ihnen schwer fällt, sich von diesem Groll zu lösen und loszulassen, dann kann Ihnen das Wissen aus diesem Kapitel zu dem entscheidenden Perspektivwechsel verhelfen, den Sie benötigen, um aus vollem Herzen verzeihen zu können, OHNE dabei Ihre eigenen Bedürfnisse und Grenzen zu übergehen:

Wenn wir wirklich verzeihen wollen, dann müssen wir annehmen, was der Andere getan hat und dafür müssen wir es verstehen.

Und dafür verrate ich Ihnen eine kleine und einfache, aber überaus wirkungsvolle Methode die in 90 Prozent der Fälle sofort Spannungen und Wut zu großen Teilen auflöst, und unsere gedankliche Fokussierung auf die Person oder das, was Sie uns angetan hat, löst.

Sie verschafft uns dadurch Erleichterung und die Möglichkeit, unseren Fokus von dieser Sache oder Person abzuwenden und uns etwas Neuem zuzuwenden.

Und hier ist sie:

Auch wenn wir das, was ein Mensch uns angetan hat, nicht richtig finden, und wir uns endgültig von diesem Menschen gelöst haben oder lösen werden, so müssen wir - um wirklich annehmen zu können - erkennen, dass das Verhalten des Anderen in dem Moment FÜR IHN Sinn gemacht hat!

WIR können diese Situation vollkommen anders werten. Wir können uns darüber empören, uns verletzt fühlen und es persönlich nehmen soviel wir wollen... Doch vergeben können wir nur, wenn wir verstehen, dass das, was der Andere getan hat, IN SEINEN AUGEN in diesem speziellen Moment das Beste war, das er tun konnte und dass es für ihn Sinn ergeben hat.

Er hat es vielleicht getan, um sich zu schützen, oder als Reaktion auf eine vermeintliche Benachteiligung im Leben, vielleicht aus einer Angst heraus, die für Sie gar nicht nachvollziehbar ist, und vielleicht auch aus einem Neidgefühl, das er nicht ertragen konnte und das ein Beweis für sein schwaches Selbstvertrauen ist. (Wenn wir etwas an Anderen sehen, das wir wollen und glauben, es bekommen zu können, hegen wir Bewunderung. Wenn wir etwas an Anderen sehen das wir wollen und überzeugt sind, es niemals bekommen zu können, hegen wir Neid und Missgunst und agieren nicht selten destruktiv und zerstören damit den Spiegel, mit dem der Erfolg des Anderen uns unsere eigene gefühlte Unfähigkeit vorhält).

Verstehen Sie SEINE Gründe! Er hatte Gründe! IMMER! Auch wenn sie ihm selbst vielleicht gar nicht bewusst waren und sind. Erkennen Sie dadurch, dass es absolut nichts mit Ihnen zu tun hatte, sondern mit SEINEN Gedanken, seinen Bedürfnissen und seiner Weltsicht.

In dem Moment, in dem Sie das verstanden haben und es klar sehen können, werden Sie über der Sache stehen.

Wir sind frei - und wir können uns aussuchen, mit wem wir uns umgeben. Aber wenn wir lernen, nicht nur äußerlich loszulassen und neu zu beginnen, sondern auch innerlich loszulassen und wirklich zu vergeben, dann werden wir nicht nur äußerlich, sondern auch innerlich frei...

Schlusswort

Ich hoffe, dieses Buch hat Ihnen die Augen geöffnet und mein Praxisprogramm hilft Ihnen, sich aus der Illusion der Abhängigkeit zu befreien und in 30 Tagen innerlich stark, sicher und zuversichtlich zu werden, wahrhaft loszulassen und einen glücklichen Neustart zu wagen!

Flüchten Sie sich nicht in Ablenkung (wenn Sie mit diesem Buch ernsthaft arbeiten, brauchen Sie keine Ablenkung mehr) sondern werden Sie aktiv und steuern Sie den Prozess des Loslassens und Ihres Neubeginnens selbst.

Legen Sie dieses Buch also bitte jetzt *nicht* zur Seite und flüchten sich in Ablenkungen, die Sie Ihre Herausforderung des Loslassens und den Gedanken an Ihren Liebeskummer und Ihren Expartner (vorübergehend!) vergessen lassen, sondern arbeiten Sie wirklich mit dem Programm.

Sie wissen ja:

Veränderung entsteht nicht durch neues Wissen, sondern nur durch *angewandtes* Wissen. Es spielt keine Rolle, wieviel Sie wissen, entscheidend ist, was Sie *tun*.

Gehen Sie deshalb *JETZT* den entscheidenden Schritt in die Praxis, damit das Wissen aus diesem Buch seine ganze Wirkung in Ihrem Leben entfalten und Sie in eine erfüllte neue Lebensphase führen kann.

Und nun wünsche ich Ihnen von Herzen alles Gute!

Bis bald, liebe Leserin, und denken Sie an unsere gemeinsame Mission:

Werden und bleiben Sie stark, gelassen, geliebt und glücklich. Und leben Sie das beste Leben, das Sie leben können. Es liegt in Ihrer Hand!

Sorgen Sie selbst für Ihren Erfolg.

Und wenn Sie noch nicht die Liebe in Ihrem Leben haben, die Sie sich wünschen, dann bereiten Sie den Weg, indem Sie sich selbst lieben. Die Liebe der Anderen wird dann nicht mehr lange auf sich warten lassen...

Ihre Mira Salm

MEIN WEG

ZURÜCK

ZU MIR

Meine neuen Lebensphase beginnt heute

(meine Notizen)

Wie ich ab jetzt mit mir selbst umgehen werde

Wie ich ab jetzt mit Anderen umgehen werde

Was ich mir ab jetzt gönnen werde

Was ich für ein Partner sein werde

Was für eine Beziehung ich mir in Zukunft gönnen werde

Mein Traumpartner ist...

Meine Traumbeziehung ist...

Mein Geschenk für Sie – Ein 7 Tage Übungsprogramm für mehr Selbstliebe

Wer sich selbst liebt, der geht ganz von selbst sicherer und unbefangener auf andere Menschen zu.

In meiner Beratung gebe ich Klienten, die Ihre Selbstliebe aufbauen wollen, ein 7 Tage Übungsprogramm, mit dem sie ergänzend in fünf Minuten am Tag ihre Selbstliebe aufbauen (2 Minuten morgens und 3 Minuten abends).

Ich habe mich entschieden, Ihnen, liebe Leserin, mein Programm ebenfalls zur Verfügung zu stellen, denn es wird Sie in großen Schritten zu mehr Selbstliebe bringen und es „kostet" mich nur wenige Klicks, es Ihnen zu zusenden.

Wenn Sie das Programm haben möchten, schreiben Sie mir einfach eine E-Mail an

mirasalmbuecher@gmail.com

und ich sende es Ihnen kostenlos als pdf zu.

Und so arbeiten Sie damit:

Drucken Sie das pdf 3 Mal in Farbe oder schwarz-weiß aus und machen Sie 3 Wochen lang jeden Morgen 2 Minuten und jeden Abend 3 Minuten lang die Übungen darin. Seien Sie wirklich konsequent und nehmen Sie sich jeden Tag die Zeit dafür. Nach 21 Tagen werden Sie ein neuer Mensch sein.

P.S. Sie dürfen mir auch gerne anonym schreiben. Selbstverständlich wird Ihre E-Mail Adresse in keinen E-Mail-Verteiler aufgenommen und Sie erhalten auch später keine Werbung oder sonstige Informationen.

Ich freue mich darauf, Ihnen zu helfen. Schreiben Sie mir!

Die Mira Salm Bücher im Überblick

Selbstliebe lernen:
Der große Ratgeber für ein gesundes Selbstwertgefühl, echte
Selbstannahme und bleibende Selbstliebe –
Mit großem Praxisteil

Selbstbewusst in 30 Tagen:
Das verblüffende Geheimnis das Sie extrem selbstbewusst
und selbstsicher macht

Die 4 Säulen der Anziehungskraft:
So fliegen Ihnen die Herzen anderer Menschen zu!

Ziele setzen und erreichen:
Wie Du Deinen eigenen Weg finden, Dir Ziele setzen und erreichen und selbstbestimmt und glücklich leben kannst – eine Schritt für Schritt Anleitung, die Dein Leben verändert

Durchsetzungsvermögen:
Die Kunst, nein sagen, Grenzen setzen, erfolgreich verhandeln und sich durchsetzen zu können ohne Schuldgefühle

Gewohnheiten:
Mit diesem Trick wirst Du ungeliebte Gewohnheiten durchbrechen und dauerhaft Deine Gewohnheiten ändern – Das Erfolgsgeheimnis

Lebensberatung:
Meine Tips für ein erfülltes Leben –
und wie auch Du Zufriedenheit und Erfüllung findest
(in 10 Schritten zu Erfüllung und Lebensfreude)

Ordnung im Haushalt:
Entrümpeln und Ordnung im Haushalt schaffen – der 5 Minuten Trick für das perfekte Zuhause

Gelassenheit lernen:
Der große Ratgeber für mehr Gelassenheit –
Wie Du mit einem kleinen Trick sofort Deine innere Haltung
verändern kannst und so Entspannung, Gelassenheit und
innere Ruhe finden wirst – mit großem Praxisteil

Achtsamkeit:
Wie Du durch Achtsamkeit ganz bei Dir selbst ankommst,
innere Ruhe und Gelassenheit findest und lernst, Dich zu
lieben

Selbstwertgefühl stärken:
Warum Du das Beste verdienst und Dich selbst verwöhnen solltest –
Ein Wohlfühlbuch das Deine Selbstliebe stärkt und Dich glücklich macht

Freunde finden:
Wie Du Dein Selbstbild veränderst und so ganz leicht Deine Schüchternheit überwinden, neue Freunde finden und bleibende Freundschaften aufbauen kannst – denn Freunde fürs Leben zu haben macht glücklich

Entscheidungen treffen:
Wie Du aus Kopf, Herz und Bauch heraus die richtigen Entscheidungen treffen kannst, die Dich glücklich machen – Eine Schritt für Schritt Anleitung

Glücklich sein:
So wirst und bleibst Du glücklich –
Eine Anleitung für Zufriedenheit und Glück im Leben und wie Du ganz einfach selbst dafür sorgst, dass Du glücklich bist

Anhang, Haftungsausschluss und Copyright

Was denken Sie?

Wenn Ihnen mein Ratgeber gefallen hat, freue ich mich über Ihre Bewertung bei Ihrem Buchanbieter. Eine kurze Bewertung „kostet" Sie nur 2 Minuten, gibt mir aber meine Motivation, um weitere Ratgeber für diese Reihe zu schreiben und auch das Wissen, wie ich sie so gestalten kann, dass ich Ihnen damit am besten helfe.

Mein Ziel ist es, Frauen zu zeigen, wie sie stark, gelassen, geliebt und glücklich leben. Erzählen Sie mir in einer Rezension, was genau SIE dafür brauchen, was Ihnen bisher geholfen hat und was Ihnen noch fehlt.

Haftungsausschluss und Eigentumsrechte

Wir sind bemüht, alle Angaben und Informationen in diesem Buch korrekt und aktuell zu halten. Trotzdem können Fehler und Unklarheiten leider nie vollkommen ausgeschlossen werden.

Daher übernehmen wir keine Gewähr für die Richtigkeit, Aktualität, Qualität und Vollständigkeit der vorliegenden Texte und Informationen.

Für Schäden, die durch die Nutzung der bereitgestellten Informationen mittelbar oder unmittelbar entstehen, haften wir nicht, solange uns nicht grob fahrlässiges oder vorsätzliches Verschulden nachgewiesen werden kann.

Alle Texte und Bilder dieses Buches sind urheberrechtlich geschütztes Material und ohne explizite Erlaubnis des Urhebers, Rechteinhabers und Herausgebers für Dritte nicht nutzbar.

Alle etwaigen in diesem Buch genannten Markennamen und Warenzeichen sind Eigentum der rechtmäßigen Eigentümer. Sie dienen hier nur zur Beschreibung der jeweiligen Firmen, Produkte oder Dienstleistungen.

**Nur angewandtes Wissen
ist Macht!**

**Deshalb gehe ich den ersten Schritt
in mein neues Leben
noch heute...**

Druck:
Canon Deutschland Business Services GmbH
im Auftrag der KNV-Gruppe
Ferdinand-Jühlke-Str. 7
99095 Erfurt